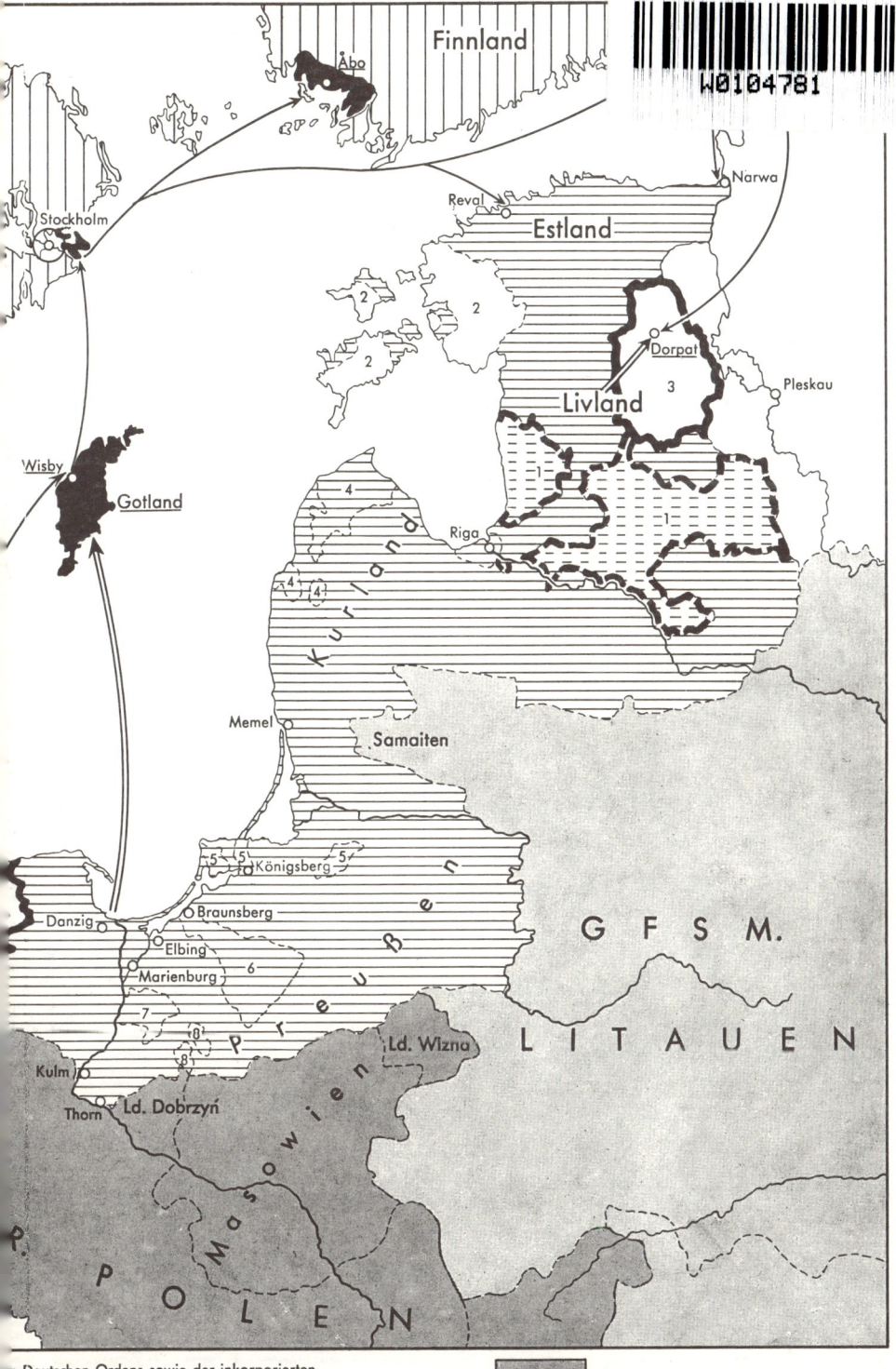

Die Vitalienbrüder

Matthias Puhle

Die Vitalienbrüder

Klaus Störtebeker und die
Seeräuber der Hansezeit

Campus Verlag
Frankfurt/New York

Die Deutsche Bibliothek – CIP-Einheitsaufnahme

Puhle, Matthias:
Die Vitalienbrüder : Klaus Störtebeker und die Seeräuber der
Hansezeit / Matthias Puhle. – Frankfurt/Main ; New York :
Campus Verlag, 1992
ISBN 3-593-34525-0

Das Werk einschließlich aller seiner Teile ist urheberrechtlich geschützt.
Jede Verwertung ist ohne Zustimmung des Verlags unzulässig. Das gilt insbesondere
für Vervielfältigungen, Übersetzungen, Mikroverfilmungen und die Einspeicherung und
Verarbeitung in elektronischen Systemen.

Copyright © Campus Verlag, Frankfurt/Main 1992
Umschlaggestaltung: Atelier Warminski, Büdingen
Umschlagabbildung: Der Hamburger Hafen
(aus einer Handschrift von 1497; Hamburger Staatsarchiv)
Satz: Typo Forum Gröger, Singhofen
Druck und Bindung: Friedrich Pustet, Regensburg
Printed in Germany

Für Angelika, Alexander und Fabian

Inhalt

Einführung
9

Erstes Kapitel
Die Vorgeschichte
(1375–1389)
13

Zweites Kapitel
Der Kampf um die schwedische Krone
(1389–1391)
31

Seeräuberei und Raubrittertum 31
Der Ausbruch des Krieges zwischen Mecklenburg und Dänemark 34
Die Öffnung der Häfen von Rostock und Wismar für
»alle, die das Reich Dänemark schädigen wollen« 36
Das Aufkommen der Vitalienbrüder 40

Drittes Kapitel
Die Beteiligung der Vitalienbrüder am Krieg
zwischen Mecklenburg und Dänemark
(1391–1393)
43

Der Kaperkrieg in der Ostsee 43
Der Angriff auf Bergen 52
Die Hauptleute der Vitalienbrüder 59

Viertes Kapitel
Vor dem Friedensschluß von Skanör und Falsterbo
(1394/95)
65

Die wirtschaftlichen Folgen des Krieges zwischen Mecklenburg und Dänemark 65
Eine Kriegslist der Vitalienbrüder 68
Klaus Störtebeker und Godeke Michels werden erstmals genannt 71
Die Annäherung zwischen Mecklenburg und Dänemark 75

Fünftes Kapitel
Die Herrschaft der Seeräuber über die Ostsee
(1395–1398)
85

Aus Vitalienbrüdern werden Seeräuber 85
Die Insel Gotland als Stützpunkt der Seeräuber 89
Die Vertreibung der Vitalienbrüder aus der Ostsee 95

Sechstes Kapitel
Die Vitalienbrüder in der Nordsee
(1398–1401)
103

Die Bündnisse mit den ostfriesischen Häuptlingen 103
Die Expedition der Hansestädte nach Ostfriesland 113
Der Kampf vor Helgoland und auf der Weser 126

Siebtes Kapitel
Klaus Störtebeker und Godeke Michels
in der historischen Überlieferung
147

Achtes Kapitel
Die Legende von Klaus Störtebeker und Godeke Michels
159

Anmerkungen
179

Literatur
189

Personenregister
193

Ortsregister
197

Einführung

In *Tratzigers Chronica der Stadt Hamburg* steht zum Jahr 1402 u. a. folgende Notiz:

»Im nächsten Jahr, da schrieb man 1402, gerieten die Englandfahrer bei Helgoland an etliche Vitalienbrüder, die in der Westsee noch raubten. Derselben Hauptleute waren: *Clawes Stortebecker* und einer mit Namen *Wichman*. Die Hamburger griffen die Seeräuber an und erschlugen 40 von ihnen, etwa 70 wurden gefangen und gen Hamburg geführt, wo die geköpft wurden und bekamen, was sie verdienten.
   Nicht lang danach in demselben Jahr fingen die Hamburger noch 80 Vitalienbrüder mit ihren Hauptleuten *Godeken Michael* und *Wigbolden*, welcher war ein promovierter Magister in den freien Künsten. Sie wurden alle gen Hamburg geführt, daselbst enthauptet und ihre Häupter auf das Brok zu den anderen gesetzt.«[1]

Conrad Tratziger war Professor der Rechte in Rostock, später Syndikus in Hamburg. Der Text entstand um 1560, also rund einundhalb Jahrhunderte nach den beschriebenen Ereignissen. Was Tratziger in seiner Chronik so nüchtern schildert, hat die Phantasie vieler Generationen bis in die Gegenwart beflügelt: der Sieg der Hanse über den »gefährlichsten« aller Seeräuber, Klaus Störtebeker.

Die Mythen- und Legendenbildung um Störtebeker begann zögernd bereits im 15. Jahrhundert, und vom 16. Jahrhundert an bemächtigte sich die Volkssage unaufhaltsam dieses Stoffes. Da das »kollektive historische Bewußtsein« sich nach ganz eigenen Gesetzen herausbildet und sich nur selten an den objektiv feststellbaren historischen Tatsachen orientiert, ist die Person Störtebekers zu der renommiertesten Persönlichkeit aufgestiegen, die in den hansischen Rahmen zu stellen ist. Die Geschichte der Hanse ist arm an überragenden Persönlichkeiten, denn es ist hauptsächlich eine Geschichte von Städten und genossenschaftlich vereinten Kaufleuten und Handwerkern. Fast immer steht das Handeln von Gruppen und ganz selten die Entscheidung einzelner im Vordergrund. So füllt Störtebeker diese Lücke durch seine schillernde und mit Abenteuern verknüpfte Person. Warum gerade er zu großer Prominenz gelangt ist und nicht andere Hauptleute der Vitalienbrüder – wie die Seeräuber in Nord- und Ostsee um 1400 genannt wurden –, deren Bedeutung mindestens ebenso hoch oder sogar höher einzuschätzen ist, gehört zu den unenthüllbaren Geheimnissen um seine Person.

Die häufig gestellte Frage nach der tatsächlichen Existenz Störtebekers ist dagegen klar zu beantworten. Er hat gelebt, er war einer der Hauptleute der Vitalienbrüder, und er ist von einer Hamburger Flotte besiegt und in Hamburg hingerichtet worden. Die schriftlichen Quellen, die über ihn berichten, vor allem Chroniken des 15. und 16. Jahrhunderts und eine englische Klageakte aus den Jahren 1394 bis 1399 über angeblich von der Hanse zugefügten Schaden, gelten in ihren Hauptaussagen als zuverlässig. Hamburger Schriftquellen aus diesen Jahren sind äußerst spärlich wegen der beträchtlichen Archivverluste aus dem großen Hamburger Stadtbrand von 1842. Immerhin sind die Hamburger Kämmereirechnungen aus dieser Zeit erhalten, und die weisen Ausgaben für die Kriegführung gegen die Vitalienbrüder aus und berichten auch von der Hinrichtung von 73 »personas Vitalienses«.[2] Der Name Störtebeker fällt hier nicht, dagegen mehrfach der Name Godeke Michels. Auch die Hanserezesse, die Berichte und Korrespondenzen zu den Hansetagen, also die zentralen hansischen Schriftquellen, erwähnen den Namen Störtebeker nicht. Das besagt aber nicht, daß es die Person nicht gegeben habe, sondern daß möglicherweise Godeke Michels von Hamburg und anderen Hansestädten als der bedeutendste Anführer der Vitalienbrüder angesehen wurde – eine These, die in der Forschung weit verbreitet ist und weitere Beachtung verdient.

Die Nachrichten über die Vitalienbrüder aus verschiedenen Schriftquellen aus der Zeit um 1400 und den nachfolgenden Jahrzehnten stützen sich, von einigen kleinen Abweichungen abgesehen, gegenseitig ab und vermitteln ein recht genaues und historisch abgesichertes Bild vom Ende der berühmten Seeräuber Klaus Störtebeker und Godeke Michels. Schwieriger wird es, wenn man den Weg der beiden und ihrer »Komplizen«, so werden sie in den Hamburger Kämmereirechnungen genannt, bis zu ihrem Ende nachvollziehen will. Denn die historisch zuverlässigen Quellen sind doch eher spärlich und oft von nur geringem Aussagewert. Ganz unmöglich ist es, ein auch nur in Ansätzen erkennbares Persönlichkeitsprofil der beiden zu gewinnen. »Selbstzeugnisse der Vitalienbrüder fehlen nicht zuletzt wegen ihrer dauernden Mobilität und Segregation völlig.«[3] Sämtliche Störtebeker und Michels zugeschriebenen Charaktereigenschaften sind die Produkte einer fast unüberschaubar gewordenen Legendenbildung. So muß bei allen Quellen, die man für dieses Thema heranzieht, überprüft werden, ob sie der Geschichte näher stehen oder der Sage. Nur bei strikter Trennung von Wirklichkeit und Legende läßt sich ein einigermaßen zuverlässiges Bild von der Geschichte der Seeräuber der Hansezeit gewinnen. Die Lücken, die aufgrund fehlender Schrift- und Sachquellen nicht gefüllt werden können, dürfen auf keinen Fall nachdichtend überspielt werden – es sei denn, man wolle sich an der Legendenbildung beteiligen. Wir müssen uns damit abfinden, daß viele brennende Fragen im Zusammenhang mit dieser Problematik nicht oder nur annäherungsweise beantwortet werden können.

Nach kurzer Einführung in die Vorgeschichte zwischen 1375 und 1389 stelle ich in den Kapiteln zwei bis sechs die Entstehung der Vitalienbrüder vor dem Hintergrund der politischen Vorgänge im Ostseeraum zwischen 1389 und 1395, ihre Herrschaft über dieses Meer von 1395 bis 1398, ihre Vertreibung und ihr Ausweichen in den Nordseeraum zu den ostfriesischen Häuptlingen und schließlich das Ende ihrer beiden prominentesten Anführer Klaus Störtebeker und Godeke Michels in den Jahren 1400 und 1401 dar. Das siebente Kapitel faßt alles zusammen, was von den Vitalienbrüdern sowie von Klaus Störtebeker und Godeke Michels historisch überliefert ist, während ich im achten und letzten Kapitel die Legenden um diese beiden Gestalten behandele und sie in ihrer Entwicklung vom 15. bis ins 20. Jahrhundert verfolge.

Erstes Kapitel

Die Vorgeschichte (1375–1389)

Am 24. Oktober 1375 starb der dänische König Waldemar IV. Atterdag. Die Zeit seiner Regentschaft (1340–1375) war zwar erfüllt von politischen und militärischen Konflikten, aber dennoch hatte sich das Reich Dänemark in seinen letzten Regierungsjahren stabilisiert und war zu einer halbwegs berechenbaren Größe für seine Nachbarn und vor allem die Hanse geworden.

In die Geschichte ist Waldemar Atterdag besonders als der Eroberer Gotlands eingegangen. Im Jahr 1361 landete er mit einer großen Flotte auf dieser damals schwedischen Insel, schlug drei Schlachten gegen die Landbevölkerung, bei der etwa 1 800 Mann fielen, und nahm Besitz von Gotland. Den Bürgern Visbys nutzte ihre Nichteinmischung in die Kämpfe recht wenig, die Stadt wurde wie eine eroberte Stadt behandelt und mit einer hohen Steuer belegt. Die Bedeutung und die Handelstätigkeit Visbys hatten jedoch bereits lange vor diesem Zeitpunkt zu sinken begonnen, so daß die Eroberung Waldemars den Bedeutungsverlust Visbys nicht bewirkte, sondern lediglich beschleunigte. Visby war eine Hansestadt und hatte im 12. und 13. Jahrhundert eine außerordentlich wichtige Rolle beim Aufbau des hansischen Handelssystems in der Ostsee gespielt. Daher wirkte Waldemars erfolgreicher Kriegszug wie ein Alarmsignal auf die Hanse und besonders auf Lübeck, das die Entstehung einer starken Macht im Ostseebereich unter allen Umständen vermeiden mußte.

Der Konflikt zwischen Waldemar und der Hanse, besser gesagt:

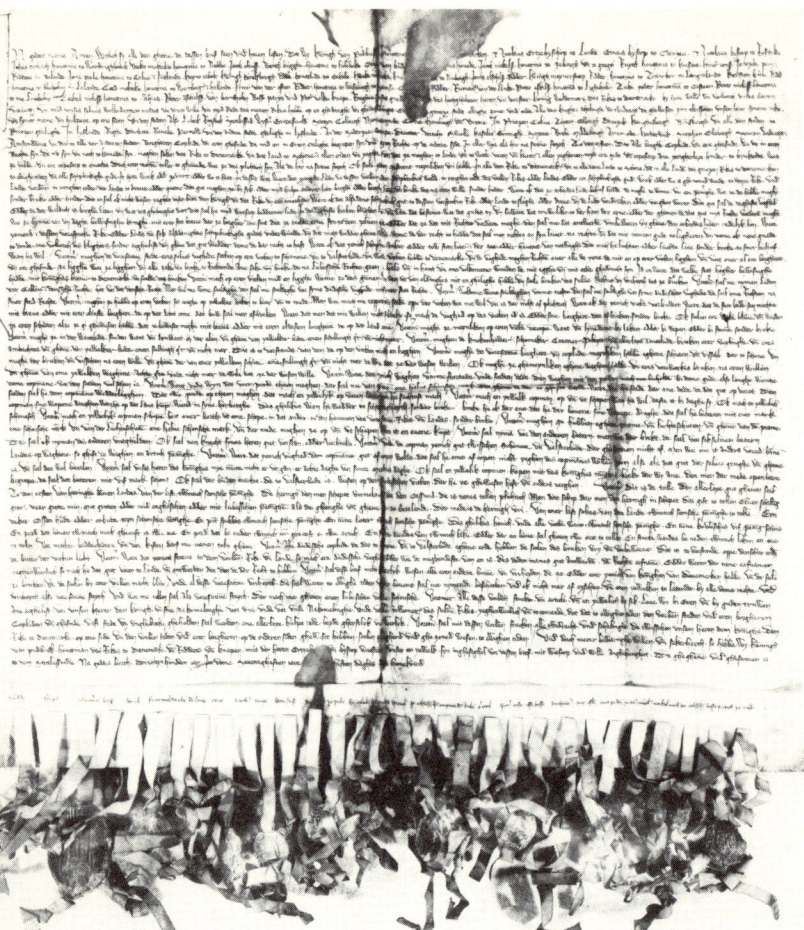

Friede von Stralsund, 24. Mai 1370, Urkunde (Stadtarchiv Stralsund)

Teilen der Hanse, brach etwa ein Jahr später auf. Aber erst durch das Zustandekommen der »Kölner Konföderation« von 1367, einem Bündnis einer Reihe von Hansestädten gegen den dänischen König, wurde die militärische Niederlage Waldemars eingeleitet. Im »Frieden von Stralsund« am 24. Mai 1370 konnte die Hanse einen großen politischen und wirtschaftlichen Erfolg feiern. Gotland allerdings blieb für knapp 300 Jahre dänisch, wenn auch mit Unterbrechungen.

Waldemar ist trotz der Niederlage gegen die Hanse als einer der bedeutendsten Könige Dänemarks anzusehen, denn in seinem Bemühen, »das alte dänische Reich im ganzen Umfang wieder herzustellen«[4], hatte er ansonsten viel Erfolg. Der Beiname »Atterdag« rührt im übrigen wahrscheinlich von einem Wort her, das der König oft benutzt haben soll: *tertaghe*, was »welche Tage«, »welche Zeiten« oder »das muß ich sagen« bedeuten konnte und offenbar eine »Stufe auf dem Wege zu der Entstellung ›Atterdag‹« war, »ein dänisches Wort, das ›Wieder Tag!‹ (für Dänemark) bedeutet, also eine vollständige Umdeutung des Beinamens kennzeichnet, die von einem Kraftausdruck zur Kennzeichnung des Lebenserfolges führt«.[5]

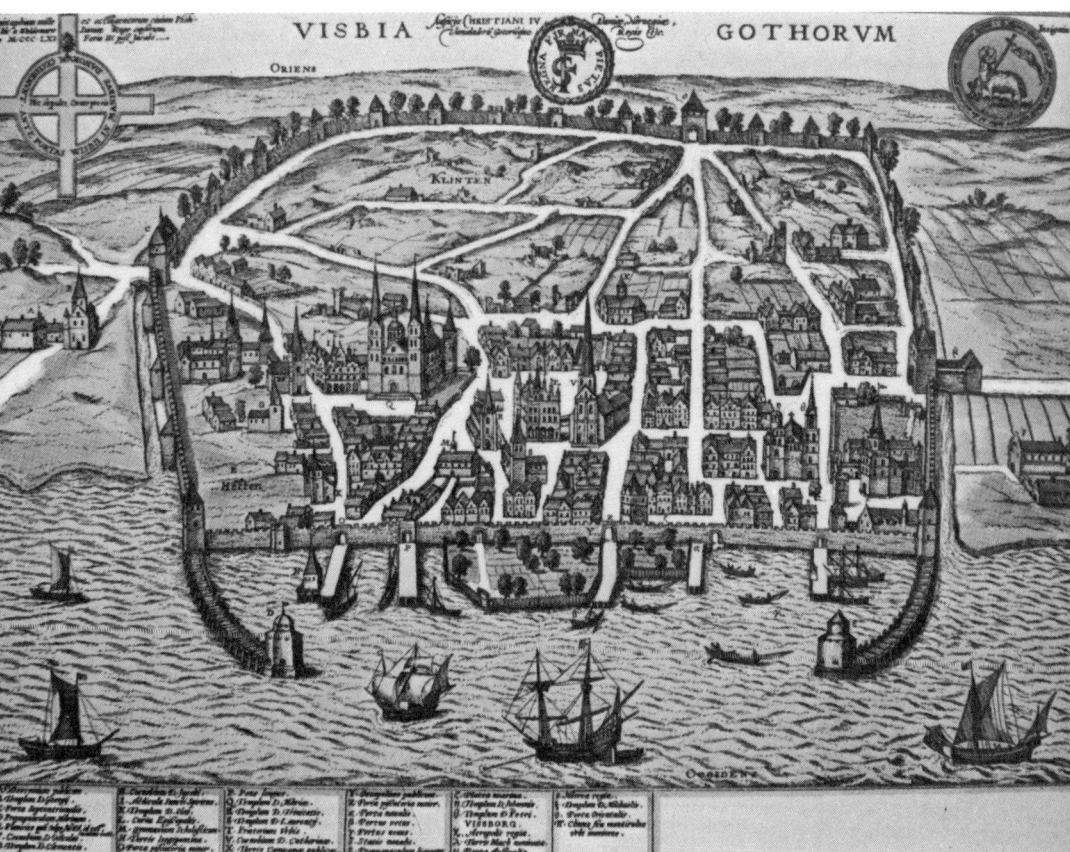

Visby auf Gotland, 1588, Kupferstich eines unbekannten Meisters

Schädel mit Ringbrünnenkapuze aus einem gotländischen Massengrab aus der Schlacht der Gotländer gegen den dänischen König Waldemar Atterdag am 27. Juli 1361 (Visby, Gotlands Fornsal)

Als Waldemar Atterdag im Sterben lag, befielen den dänischen Reichsrat schlimme Vorahnungen. Für den Fall des Todes befürchtete man, daß es um das Reich übel bestellt sein würde.⁶ Da die Hanse im Frieden von Stralsund durchgesetzt hatte, bei der Thronbesetzung nach dem Tode Waldemars mitzubestimmen, schickte man Gesandte nach Kopenhagen, die sehr nachdenklich wieder in ihre Heimtstädte kamen und für den kommenden Sommer große Schwierigkeiten voraussagten, falls nicht noch im Winter eine Entscheidung in der Frage der Thronfolge fiele. Es war die Angst vor den »Schandtaten« von Piraten und Räubern, die hinter dieser Ansicht stand. Der dänische Reichsrat ließ sich Zeit mit seiner Entscheidung, und das Mitspracherecht der Hanse zog langwierige Verhandlungen nach sich. Tatsächlich kam es infolge dieser Situation im Laufe des Jahres 1376 zum vermehrten Aufkommen von Seeräubern. Die Reaktion der Hanse bestand in dem Entsenden von sogenannten »Friedeschiffen«, also zu Kriegsschiffen umgerüsteten Koggen, mit denen auch bereits der Krieg gegen Waldemar Atterdag geführt worden war. Für die Aufwendungen, die Lübeck und Stralsund mit dem Entsenden der Friedeschiffe erbringen mußte, wurde ein besonderer Pfundzoll, ein Schiffszoll, erhoben. Diese Schiffe wurden von städtischen Ratsherren befehligt, die Mannschaft bestand aus Söldnern, die wiederum von eigenen Hauptleuten geführt wurden. Im Grunde war die Hanse für die Situation auf See im Jahr 1376 mitverantwortlich. Denn ihre zögerliche Haltung im dänischen Thronstreit und der nun entbrennende Kampf um die Krone zog die Seeräuber an und machte sie zu gern gesehenen Helfern in diesem Kampf.

Waldemar Atterdag hinterließ lediglich zwei Töchter, Ingeborg und Margarete, die außerhalb Dänemarks verheiratet waren. Der künftige König aus diesem alten Geschlecht konnte daher nur ein Enkel Waldemars sein, entweder der Sohn Ingeborgs oder Margaretes. Ingeborg, die ältere Tochter, war mit Herzog Heinrich III. von Mecklenburg verheiratet, dem Bruder des schwedischen Königs. Nach deutschem Erbrecht wäre ihr Sohn Albrecht IV. der Jüngere erbberechtigt gewesen, was zudem durch eine Erbfolgeregelung zugunsten Albrechts durch Waldemar im Jahr 1371 noch gestützt wurde. Allerdings besaß Dänemark eine Wahlmonarchie und war kein Gebiet des deutschen Rechts. Margarete, die jüngere Tochter Waldemars, war mit dem norwegischen König Hakon VI. verheiratet und reklamierte für ihren Sohn Olaf VI. den dänischen Thron. Rechtlich war aus dänischer Sicht die Situation offen, es kam nun für die beiden Parteien ganz darauf an, einen möglichst großen Anhang für die eigene Sache zu gewinnen. Wieweit dies allerdings die in die Schiedsrichterrolle gedrängte Hanse beeindrucken würde, war unklar. Denn die Politik der Hanse war ja eigentlich immer von der Idee bestimmt, ganz im Sinne einer frühen *balance of power*-Politik, Machtballungen möglichst zu verhindern, um einer protektionistischen, gegen die eigenen Handelsinteressen gerichteten Politik frühzeitig entgegenzuwirken.

In dieser Lage entbrannte der – nicht nur – politische Kampf zwischen den beiden Lagern. Die Mecklenburger hatten sich vertraglich mit den Brandenburgern und dem deutschen Kaiser, Karl IV., verbunden, dessen Votum für Albrecht allerdings auf wenig Gegenliebe bei den Dänen stieß. Auch Karls Vorstoß bei der Hanse, für Albrecht zu stimmen, führte nicht zum Erfolg, da die Hanse sich abwartend verhielt. Die geschickte Diplomatie Margaretes in Dänemark bei gleichzeitig unklugem Verhalten Albrechts gegenüber dem dänischen Adel führte schließlich am 3. Mai 1376 zur Wahl Olafs VI. zum dänischen König – mit dem Einverständnis der Hanse. Norwegen bestätigte dafür alle hansischen Handelsprivilegien im Land, und Dänemark seinerseits bestätigte die Bestimmungen des Friedens von 1370, allerdings unter Verzicht auf ein weiteres Mitwirkungsrecht der Hanse in der Frage der dänischen Thronfolge. Als eine Fortsetzung der früheren energischen Dänemark-Politik der Hanse kann man diese Haltung schwerlich ansehen. Offensichtlich wählte die Hanse zwischen der dänisch-norwegischen und der mecklenburgisch-schwedischen Koalition deshalb die erste Möglichkeit, weil sie den Machtwillen und Expansionsdrang der Mecklenburger für gefährlicher hielt als den der Dänen.[7] Unbestreitbar gab sie allerdings mit dem Rückzug aus der »Thronbesteigungskommission«[8] ein wichtiges politisches Instrument zur Kontrolle zukünftiger dänischer Politik aus der Hand.

Die Vorgeschichte (1375–1389)

Königin Margarete von Dänemark, Alabastermodell von Johannes Junge, um 1420.
(Foto: Museum für Kunst und Kulturgeschichte der Hansestadt Lübeck)

Das mecklenburgische Herzogshaus mußte zusehen, wie sich die politische Konstellation zuungunsten Albrechts IV. entwickelte, und verfiel dabei »auf einen eigenartigen Ausweg«[9], indem es bei den zahlreich in der Ostsee vertretenen Seeräubern um deren Teilnahme am Kaperkrieg der Mecklenburger gegen Dänemark warb. D.h. die mecklenburgischen Fürsten gaben nicht so ohne weiteres ihren Kampf um die dänische Krone auf, die nach ihrer Ansicht Albrecht zustand, und traten in einen Kaperkrieg gegen Dänemark ein. »Zum ersten Male in den nordischen Streitigkeiten bediente sich damit eine reguläre Macht der Räuber, um ihre Ziele zu erreichen.«[10] Wann dies genau der Fall war, ist aus den Quellen nicht ganz sicher zu schließen, aber alles deutet darauf hin, daß die Verbindung zwischen den Mecklenburgern und den Seeräubern wahrscheinlich bereits im Jahr 1376, spätestens aber im Frühjahr 1377 geschaffen wurde. Damit wurden die Vorahnungen der hansischen Gesandten direkt nach dem Tode Waldemars bestätigt, die eine *»üble Lage auf dem Meer«* durch eine starke Zunahme der Seeräuberei betrafen. Wie die Seeräuber in diesen Jahren sich am Kaperkrieg der Mecklenburger beteiligten, läßt sich nicht genau feststellen. Aber es scheint zu einer Organisierung der an sich willkürlich und offensichtlich unorganisiert operierenden Seeräubertruppen gekommen zu sein. Mecklenburgische Adlige nahmen diese Truppen wohl unter ihre Führung und machten sie so zu regulären Verbänden.

In einer schwierigen Lage befanden sich nun die Städte Rostock und Wismar, die als Hansestädte sich eigentlich den Maßnahmen der Hanse gegen die Seeräuber anschließen mußten, als mecklenburgische Landstädte jedoch auch eine Gefolgschaftspflicht gegenüber dem Herzogshaus hatten. Zwar hatten sich beide Städte schon einen großen Freiraum gegenüber ihrem Landesherrn erkämpft, aber reichsfrei waren sie nicht geworden, sondern standen noch immer in einem Abhängigkeitsverhältnis zum mecklenburgischen Herzogshaus. Es gibt zwar keinen eindeutigen Beleg, daß die beiden Städte ihre Häfen für Seeräuber öffneten, aber aus der Politik der Hanse in diesen Jahren geht deutlich hervor, daß diese Städte eine notgedrungen akzeptierte Sonderrolle spielten. Im Mai 1377 bestimmte die Hanse, daß die Städte keine geraubten Güter von Seeräubern kaufen sollten. Einen Monat später, am 24. Juni, beschlossen die Hansestädte Maßnahmen für das kommende Jahr gegen die Seeräuber, von denen Rostock und Wismar zunächst ausgeschlossen waren, bis zu dem Zeitpunkt, an dem die »Herren von Mecklenburg« sich mit dem »Reiche zu Dänemark« wieder versöhnten. Aus diesen Beschlüssen geht eindeutig die damalige Sonderrolle der beiden mecklenburgischen Städte innerhalb der Hanse hervor. Rostock und Wismar weigerten sich sogar, den Beschluß der übrigen Hansestädte anzuerkennen, nach dem diejenigen, die mit den »seroveren« Freundschaft hielten, ihnen Unterschlupf gewährten und ihnen halfen, genauso schuldig seien wie die Seeräuber selbst. Also unternahmen Rostock und Wismar nicht nur nichts gegen die Seeräuber, sondern unterstützten sie mehr oder weniger offen, womit die »Geschichte des organisierten Seeraubs auf der Ostsee«[11] begann. Allerdings ließen sich die Seeräuber nicht dazu bewegen, den Kaperkrieg vollständig auf den Gegner Dänemark zu beschränken. Immer häufiger überfielen sie auch hansische Schiffe, was sicher nicht im Interesse der mecklenburgischen Herzöge und schon gar nicht im Interesse der Hansestädte Rostock und Wismar liegen konnte. Aber es kann nicht überraschen, daß Seeräuber, die es bisher gewohnt waren, auf eigene Rechnung Beute zu machen, sich nicht von heute auf morgen in Söldner zur See verwandelten, die zum willenlosen Werkzeug ihrer neuen Führer wurden. Sie hatten offensichtlich in Ansätzen eine innere Organisation ausgeprägt, deren Prinzipien für uns nur noch sehr undeutlich erkennbar sind, ihnen aber während ihrer gesamten Geschichte eine gewisse Selbständigkeit verliehen.

Der Widerstand Rostocks und Wismars gegen die Maßnahmen der Hanse zur Eindämmung der Piraterie in der Ostsee führte im Jahr 1377 dazu, daß wohl keine Friedeschiffe in die Ostsee geschickt wurden, obwohl sich die Anzeichen verstärkter Aktivitäten der Seeräuber verdichteten. Im März und im April 1377 meldeten Stralsund und Lübeck, in Jütland, Schonen und auf Fünen würden sich mehrere hundert Seeräuber aufhalten. Im Oktober stellte man folgerichtig fest, daß die »serovere« gewaltigen Schaden in der See angerichtet hätten. Anfang 1378 beschloß die Hanse daher, von Lübeck, Stralsund und Greifswald Friedeschiffe ausrüsten zu lassen. Gegen den Widerstand Rostocks und Wismars boten diese Schiffe im Sommer desselben Jahres auf der Ostsee den Handelsschiffen der Hanse Geleitschutz. Auch im Jahr 1379 war die Hanse gezwungen, durch das Ausrüsten und Entsenden von Friedeschiffen den Handel in der Ostsee sicherer zu machen. Aber der Aufwand für diese Maßnahme war so groß, daß die preußischen Städte sich schließlich weigerten, diese Aktion für 1380 nochmals zu wiederholen.

Ein anderer Grund für das Nachlassen der hansischen Anstrengungen gegen das Seeräuberwesen lag darin, daß der mecklenburgische Herzog Albrecht II. am 18. Februar 1379 überraschend gestorben war. Er war derjenige gewesen, der den Kaperkrieg gegen Dänemark am energischsten betrieben hatte, um seinem Enkel, Albrecht IV., auf den dänischen Thron zu verhelfen. Sein Tod hatte zur Folge, daß sein Sohn Albrecht III., König von Schweden, im August 1379 einen Waffenstillstand mit Dänemark schloß, da der Nachfolger Albrechts im Herzogtum Mecklenburg, Heinrich III., sofort Waffenstillstandsverhandlungen mit Dänemark begonnen hatte und daher seinen Bruder, den schwedischen König, im Kampf gegen Dänemark nicht unterstützte, obwohl es um seinen eigenen Sohn, Albrecht IV., ging. Die Hanse erwartete also einen Friedensschluß zwischen allen am Krieg beteiligten Mächten und daher eine Befriedung der Ostsee und ein Verschwinden der Seeräuber. Daß diese Erwartung außerordentlich trügerisch war, sollte sich schon bald erweisen.

*

1380 ereignete sich in der Stadt Wismar ein für eine Hafenstadt in jenen kriegerischen Jahren eigentlich alltäglicher Vorfall. Im *Liber proscriptorum*, also dem Verfestungsbuch der Stadt Wismar, das zwischen den Jahren 1353 und 1429 geführt wurde und sich im Stadtarchiv Wismar erhalten hat, wurde er festgehalten. Dieses älteste Wismarer Gerichtsprotokollbuch hat Verweisungen aus der

Stadt (Verfestungen), Strafen, Begnadigungen und Beschwerden zum Inhalt. Zum Jahr 1380 berichtet das Verfestungsbuch unter anderem, daß zwei Wismarer Bürger aus der Stadt gewiesen wurden, weil sie einem anderen in einer Schlägerei verschiedene Brüche und Beulen zugefügt hatten. Diese Eintragung, von deren Art es noch viele in dieser Handschrift gibt, wäre nicht weiter erwähnenswert, wenn der Betroffene dieser Auseinandersetzung, also das Opfer, nicht als »nicolao stortebeker« bezeichnet wäre. Es spricht viel dafür, daß dieser Nikolaus Störtebeker der Störtebeker ist, der später unter dem Namen »Klaus Störtebeker« als berühmtester Vitalienbruder in die Geschichte eingegangen ist. Der Nachname stimmt mit dem des Seeräubers überein, die Herkunft Wismar bei der Verwicklung der Stadt in die mecklenburgisch-dänischen Auseinandersetzungen, der Parteinahme für das mecklenburgische Herzogshaus und der Tolerierung, wenn nicht sogar Unterstützung der Seeräuber scheint plausibel. Vor allem paßt die Verwicklung in eine schwere Schlägerei so offensichtlich zum vermuteten Charakter und

Zwei Seiten aus dem Liber Proscriptorum (Verfestungsbuch) von 1353 bis 1429 der Stadt Wismar mit erster namentlicher Nennung eines »Nicolao Stortebeker« im Jahr 1380 (Stadtarchiv Wismar)

Umgang eines gefährlichen Seeräubers. Da sich alles so gut zueinander fügt, hat man sich in der Forschung inzwischen darauf geeinigt, daß Klaus Störtebeker mit hoher Wahrscheinlichkeit aus Wismar stammt und derjenige ist, der in diesem Verfestungsbuch genannt wird. Man muß aber ganz deutlich hervorheben, daß diese Eintragungen die einzige Spur eines Klaus Störtebeker im Wismarer Stadtarchiv ist und auch sonstige urkundliche Überlieferungen nichts weiter über die Herkunft Störtebekers in geographischer oder gar in sozialer Hinsicht aussagen. Es bleibt daher nach wie vor eine gut begründete Vermutung, daß wir in dem hier genannten Störtebeker den später als Seeräuber berühmt gewordenen vor uns haben. Nach diesem kurzen Aufblitzen des Namens »stortebeker« tauchen Name und Person für eine ganze Reihe von Jahren wieder in das Dunkel der Geschichte ein.

*

Der wegen der Einstellung des Krieges zwischen Mecklenburg und Dänemark erwartete Friede auf der Ostsee im Jahr 1380 trat nicht ein. Da die Hanse keine Friedeschiffe in die See gelegt hatte, waren die hansischen Schiffe ohne notwendigen Schutz, und verheerende Schäden für die Handelsschiffahrt in der Ostsee waren die Folge. Bereits am 27. Januar 1381 kamen die in Rostock versammelten Abgesandten Lübecks, Rostocks, Stralsunds und Wismars überein, wieder Friedeschiffe auszurüsten. Die Städte machten allerdings diese Maßnahme abhängig von der materiellen Unterstützung der süderseeischen, preußischen und livländischen Städte.[12] Vier große Schiffe, vermutlich Koggen, und zehn Schniggen – kleine, flache und wendige Boote –, bestückt mit Mannschaft und Proviant, sollten bis zum 24. Juni die Ostsee befahren, über das weitere Schicksal dieser Flotte würde dann der Hansetag befinden, der für diesen Tag angesetzt war. Rostock und Wismar nahmen also wieder am Kampf der Hanse um Aufrechterhaltung der Schiffahrt in der Ostsee teil. Geradezu demonstrativ war dieser Beschluß auf der Versammlung, die man offensichtlich bewußt in Rostock abhielt, gefaßt worden. Da der Landesherr der beiden Städte, Herzog Heinrich von Mecklenburg, die Kriegshandlungen gegen Dänemark eingestellt hatte, gab es für Rostock und Wismar keinen Grund, ihre Unterstützung der Seeräuber aufrechtzuerhalten. Dennoch hielten die Seeräubereien in der Ostsee in den Jahren 1380 und 1381 unvermindert an. Von wo aus starteten die Piraten ihre Kaperfahrten, da ihnen die mecklenburgischen Häfen in diesen Jahren doch ganz offensichtlich verschlossen blieben? Sie hatten die Fronten gewechselt und waren auf den Schlössern dänischer Adliger untergekommen, auch wenn dänische Abgesandte auf einem Treffen mit der Hanse in Stralsund am 25. April 1381 den von der Hanse ausgesprochenen Verdacht zurückwiesen.[13] Dieses Verhalten der Seeräuber zeigt, daß sie für ihr Vorgehen keine politischen Gründe hatten. Sie waren offenbar ausschließlich an Beute interessiert. Da sie aber Stützpunkte an Land brauchten, mußten sie sich weiterhin einer territorialen Macht andienen, die ihrerseits die Seeräuber als Hilfstruppen in einem Konflikt mit einer anderen Macht gut einsetzen konnten, so wie die Mecklenburger in ihrem Krieg gegen Dänemark. Warum die Dänen den Seeräubern die notwendigen Stützpunkte zur Verfügung stellten, ist nicht ganz klar zu beantworten. Aber eine Störung des hansischen Handels auf der Ostsee scheint Margarete, die für ihren Sohn Olaf die Regierungsgeschäfte führte, und dem dänischen Adel gut ins politische Konzept gepaßt zu haben. Margaretes Politik richtete sich immer fühlbarer gegen die Privilegien der Hanse in Skandinavien und auf Wiedererlangung der vier Sundschlösser, Skanör, Falsterbo, Helsingborg und Malmö, die sich seit dem Stralsunder Frieden von 1370 und noch bis 1385 im Pfandbesitz der Hanse befanden. Einige Hinweise gibt es auch auf eine Beteiligung der Dänen an der Beute der Seeräuber.[14]

Am 24. Juni 1381 beschloß der Hansetag in Lübeck, bis zum Ende der Handelssaison am 11. November Friedeschiffe in der Ostsee zu lassen, aber in etwas verminderter Anzahl. Durch die Vermittlung und die Bürgschaft der Dänen kam am 15. September 1381 ein bis zum 1. Mai 1382 befristeter Friede zwischen der Hanse und den Seeräubern zustande. Als am Friedensschluß beteiligte Seeräuber werden Ludeke Schinkel, Eler Rantzau, Henneke Grubendal, Swarte Schonink, Nickel Jonsson, Trut Mus, Holger Jonsson, Hinrich Wartberg und Paschedach genannt. Detlef Knut hatte bereits früher einen Frieden mit der Hanse gemacht. Da der Friede noch bis zum Jahr 1383 verlängert wurde, mußte die Hanse im Laufe des Jahres 1382 nichts für die Befriedung der Ostsee tun. Im großen und ganzen scheint der Friede eingehalten worden zu sein, denn von einer gravierenden Störung der Handelsschiffahrt verlautet in dem Jahr nichts. Interessant ist, daß die Hansestädte die »*seroveren*« in zwei Gruppen teilte und mit diesen beiden Gruppen offenbar getrennt verhandelte. Das Unterscheidungskriterium ergab sich aus der unterschiedlichen Vermögenslage der beiden Gruppen. Die eine Gruppe hatte »am meisten zu verlieren«, war also vermögender, die andere Gruppe hatte »nichts zu verlieren«. Zur ersten Kategorie gehörten die Seeräuber Henneke Grubendal, Vicke Grubendal, Henneke van Oertzen, Paschedach und Hinrich Wartberg. Zur zweiten, armen Kategorie von Seeräubern zählten Detlef Knut, Eler Ranzau, Ludeke Schinkel und Swarte Schonink. Mit den reicheren Seeräubern wurde ein etwas kürzerer Friede vereinbart als mit den ärmeren.[15]

Im Jahr 1383 kreuzten zwei Koggen, eine aus Lübeck und eine aus Stralsund, auf der Ostsee.[16] Das Seeräuberproblem verstärkte sich jedoch derartig, daß im nächsten Jahr das doppelte Aufgebot notwendig war. Die andere Hälfte der Flotte stellten dänische Adlige, darunter auch die Königin, die immer noch für ihren Sohn Olaf in Dänemark die Herrschaft in ihren Händen hielt.[17] Auf den ersten Blick überrascht diese hansisch-dänische Koalition, die im übrigen auch beschloß, gegen die dänischen Herrensitze vorzugehen, die den Seeräubern als Zufluchtsorte dienten. Aber die ausgesprochen beweglich taktierende Königin Margarete hatte inzwischen erkannt, daß ihrer Verbindung mit den Seeräubern kein durchschlagender Erfolg beschieden war. Ihre ursprüngliche Hoffnung war ja darauf gerichtet, die vier Schlösser im Sund, die die Hanse im Stralsunder Frieden von 1370 für den Zeitraum von fünfzehn Jahren im Besitz hatte, durch den mithilfe der Seeräuber geführten Kaperkrieg gegen die Hanse früher zurückzubekommen. Aber die in ihrer Blüte stehende Hanse konnte eine solche »Politik der Nadelstiche« kaum zu einem Nachgeben in wichtigen Angelegenheiten bewegen. Also vollzog Margarete eine vollständige Kehrtwendung ihrer Politik und begann Seite an Seite mit der Hanse gegen die Seeräuber vorzugehen. Empörung über etwaige Untaten der Seeräuber oder ihr »rechtloses« Treiben in der Ostsee, also irgendeine moralisch begründete Überzeugung, gegen diese Seeräuber nun vorgehen zu müssen, lag ihrem Entschluß ganz sicher nicht zugrunde. Ihre Politik wurde vielmehr von der ganz pragmatischen Überlegung geleitet, daß die Übergabeverhandlungen um die Rückgabe der Sundschlösser im Jahr 1385 mit einer freundlich gestimmten Hanse sicher leichter zu führen sein würden als mit einer feindlich gesonnenen. Tatsächlich trug diese kluge Politik Margaretes Früchte. Am 11. Mai 1385 beurkundeten König Olaf von Dänemark, Königin Margarete von Norwegen und der dänische Reichsrat die Zurücknahme der vier Schlösser im Sund und bestätigten im Gegenzug die hansischen Privilegien in Dänemark.[18]

Offensichtlich der permanenten Streitereien um die Kosten, die das Ausrüsten von Friedeschiffen verursachte, überdrüssig, beschloß die Hanse am 16. März 1385, den Stralsunder Bürgermeister Wulf Wulflam mit der Befriedung der Ostsee in dem laufenden Jahr zu beauftragen. Wulflam hatte 1380 zusammen mit Peter Stromekendorp, einem Ratsherrn aus Wismar, von der Hanse die Verwaltung der vier Sundschlösser Skanör, Falsterbo, Helsingborg und Malmö übertragen bekommen.[19] Diese Aufgabe war nun nach Übergabe dieser Schlösser an Dänemark hinfällig geworden. Stattdessen sollte Wulflam also die Bekämpfung der Seeräuber übernehmen:

»Die gemeinen Städte haben einen Vertrag geschlossen mit Wulf Wulflam, um die See zu befrieden, also soll er ein großes Schiff, dazu viele Schniggen und Schuten und hundert gut bewaffnete Leute erhalten. Mit den Schiffen und den Leuten soll er die See befrieden und die Seeräuber schwächen, so gut wie er es vermag, ohne Arglist, und dies zwischen Palmsonntag und dem 11. November. Für alle ihm für die Schiffe und die Leute entstehenden Kosten soll er selbst aufkommen. Und hierfür geben ihm die Städte 5 000 Mark Sundisch. Hierfür sollen ihm die Städte vier Schniggen überlassen mit Ausrüstung und Waffen, eben was so dazugehört, und sechs Büchsen und 32 Armbrüste und sechs Tonnen mit Büchsenladungen. Und diese Schniggen, Büchsen und Armbrüste und Büchsenladungen waren der Bei-

Schniggen, Büchsen und Armbrüste und Büchsenladungen waren der Beitrag der Städte zu dem Abenteuer. Wulflam konnte das, was er den Seeräubern abnahm, behalten, es sei denn, die Seeräuber hätten das von einem Kaufmann geraubt.«[20]

Natürlich wurde es Wulflam untersagt, Seeräubern Unterschlupf zu gewähren oder mit ihnen in irgendeiner Weise zusammenzuarbeiten. Welchen Erfolg dieses Unternehmen mit sich brachte, ist nicht ganz klar zu erkennen. Verhandlungen über die Bezahlung Wulflams mit Pfundgeld, das für diese Aktion erhoben worden war, auf dem Lübecker Hansetag am 1. April 1386 lassen erahnen, daß es offenbar darüber unterschiedliche Meinungen gab. »Auch sagen da manche Leute, daß Wulflam mit den Friedeschiffen nicht das gehalten habe, was er versprochen hatte. Darauf antwortete er: wenn er sein Geld erhalten habe und da sei immer noch jemand, der ihn beschuldigte, seine Pflicht verletzt zu haben, dann würde er sein Recht in Anspruch nehmen und sich an einem festgesetzten Tag gegen die Vorwürfe zur Wehr setzen.«[21] Eine solche Versammlung ist nicht überliefert, was freilich nicht beweist, daß es sie nicht gegeben hat.

An einer anderen Stelle heißt es über Wulflam, er habe für die Befriedung der See dem gemeinen Kaufmann viel Geld abgenommen – wo er für Frieden gesorgt habe, das sei dem gemeinen Kaufmann wohl bekannt.[22] Gerade diese Aussage läßt es völlig offen, ob die hansische Skepsis über die Leistung des angeworbenen Wulflam berechtigt oder unberechtigt war. Es scheint fast so, als höre man aus der letzten Äußerung fehlende Dankbarkeit reicher Kaufleute (Pfeffersäcke) einem Mann gegenüber heraus, der – wenn auch gegen Geld – sein Leben eingesetzt hat, um die Ostsee für den Handel sicher zu machen. Eine Reaktion, die sich durch die Jahrhunderte in veränderten Konstellationen immer wieder beobachten läßt und – zumindest in der Legende – manchmal zu fatalen Konsequenzen führte (erinnert sei an den Rattenfänger von Hameln). Es ist aber auch möglich, daß die hansische Kritik gerechtfertigt war.

Allerdings blieb es im Laufe des Jahres 1385 ruhig, und 1386 war es nicht notwendig, Friedeschiffe auszurüsten.[23] Entweder hatte also Wulflam sehr gute Arbeit geleistet oder die Lage war ohnehin entspannt; dann hatten die Hansestädte das Geld sinnlos ausgegeben, was sie natürlich erzürnen mußte.

Die mangelnde Unterstützung bei den Ostseeländern in diesen Jahren ließ die Unternehmungslust der Seeräuber doch spürbar geringer werden. Am 28. September 1386 schlossen daher zwanzig von ihnen mit den Hansestädten und der dänischen Königin einen Frieden[24], der dazu führte, daß es bis zum Ende des Jahrzehnts keine größeren Aktivitäten der Seeräuber mehr gab.

ZWEITES KAPITEL

Der Kampf um die schwedische Krone (1389–1391)

Seeräuberei und Raubrittertum

Seit dem Tode Waldemar Atterdags im Jahr 1375 war das Seeräuberproblem in der Ostsee, das es in gewissem Umfang immer schon gegeben hatte, seitdem Handelsschiffe dieses Meer befuhren, virulent geworden. Es hat sich gezeigt, daß die Verbindung zwischen den vagabundierenden und verstreut operierenden Seeräubern mit dem Adel der Ostseeländer, insbesondere Mecklenburgs, dem Thema »Seeräuberei« eine ganz andere ernstzunehmende Dimension verlieh. Namen wie von Moltke, von der Lühe, von Preen, von Manteuffel, von Stück, von Lüchow, von Rumpshagen, von Kaland[25], die als Hauptleute der Seeräuber genannt werden und für viele Hunderte von Entwurzelten den Kristallisationskern bzw. Sammelpunkt bildeten, belegen, daß Teile des mecklenburgischen Adels sich in dem Moment, in dem die festgefügten Machtstrukturen im Ostseegebiet durch den Tod der überragenden Herrscherfigur Waldemars IV. ins Wanken gerieten und der Kampf um die nordischen Reiche entbrannte, dem Kaperkrieg zuwandten: als Kriegshilfe für das mecklenburgische Herzoghaus in der Auseinandersetzung mit der norwegischen Königin Margarete. Es war daher schon für die Zeitgenossen schwierig, dieses historische Phänomen »Seeräuberei« bzw. »Piraterie« eindeutig einzuordnen und zu beurteilen. Was für die kriegführenden Parteien, besonders Mecklenburg, quasi legale Kriegshilfe war, wurde von den am Konflikt im Grunde unbeteiligten Hansestädten als schlichte Seeräuberei empfunden, die das illegale Aneignen fremder Güter zum Ziel hatte. Als »serovere« werden die Seestreitkräfte der Mecklenburger, später der Dänen fast durchgängig bezeichnet. Schwierig ist es auch, das Umschlagen eines Kaperkrieges in bloße Seeräuberei festzustellen, selbst dann, wenn man sich moralisierender Urteile enthält und nicht der Versuchung erliegt, mit dem Rechtsbewußtsein der Neuzeit zu operieren, sondern nur den Versuch unternimmt, das Phänomen »Seeräuberei« in die Rechtskategorien des späten Mittelalters einzuordnen. Auch der Begriff *serovere*, der ja zeitgenössisch ist, führt hier nicht viel weiter, da es in dieser Zeit nicht ungewöhnlich war, den Gegner des Raubes zu bezichtigen, um ihn moralisch und rechtlich an den Pranger zu stellen.[26] Daß die Hansestädte, die ja sozusagen das Opfer der kriegerischen Handlungen in der Ostsee waren, diesen Begriff benutzten, darf daher nicht verwundern. Hinter dieser hansischen »Propaganda« kann sich aber ein ganz komplexes politisches und rechtliches Phänomen verbergen[27], das eine eindeutige Schuldzuweisung kaum zuläßt.

Die Schwierigkeit, das Problem der Seeräuberei in der Ostsee angemessen zu bewerten, erinnert an das sehr ähnliche Problem, das die Geschichtsschreibung immer schon mit dem Begriff »Raubrittertum« hatte und hat.[28] Allerdings gibt es zwischen diesen beiden Begriffen einen großen Unterschied. Während der Terminus »Seeräuber« auch in den zeitgenössischen Quellen bereits benutzt wurde, kommt der Begriff »Raubritter« in den Schriftquellen des Mittelalters nicht vor.[29] Dennoch scheint es in der Sache um ähnliche Phänomene zu gehen. Die Verbindung des Seeräubertums in der Ostsee mit dem mecklenburgischen Adel ist viel zu offensichtlich, als daß man diese übersehen könnte. Als *latrones* oder *raubheußer* hat man die ritterlichen Straßenräuber in den zeitgenössischen Quellen immerhin auch bezeichnet, womit deutlich zum Ausdruck kommt, daß auch die Zeitgenossen das Treiben dieser Ritter als unrechtmäßige Räuberei betrachteten.

Was veranlaßte Teile des Adels im späten Mittelalter, dem gewerbsmäßigen Raub nachzugehen? Für die Seeräuber der Ostsee fehlen zuverlässige Aussagen fast ganz. Die wenigen Angaben stammen meist von späteren Chronisten, sind daher in einem gewissen zeitlichen Abstand geschrieben und eher als moralische Wertungen zu verstehen denn als analytische Beobachtungen. Selbstaussagen der beteiligten Adelsgeschlechter fehlen ganz. Aber für die Raubritter des Mittelalters gibt es eine ganze Reihe von zeitgenössischen Einschätzungen, die über Motive und Lage der infragekommenden Adelsgeschlechter Auskunft geben. In einer vom Kartäusermönch Werner Rolevinck aus Westfalen stammenden Schrift, die um 1478 erschien, wird deutlich, daß Teile des niederen Adels in einer fast verzweifelten materiellen Lage waren. Der Zustand einer *infausta paupertas*, einer unglücklichen Armut, sei für diese Adligen charakteristisch.[30] Diese »unglückselige Armut treibt also viele gering bemittelte Ritter Westfalens zu Straßenraub und Verbrechen, und auf der tagtäglichen Suche nach der nackten Existenzabsicherung setzen sie sich der Gefahr der Verurteilung durch Galgen und Rad aus. Im Kreise dieses rauf- und raublustigen niederen Adels war nach Werner Rolevinck der bezeichnende Vers weit verbreitet: Ruten, roven, det en is gheyen schande, dat doynt die besten von dem lande.«[31] Aus anderen Quellen geht hervor, daß die Adligen selbst ihr gewalttätiges Vorgehen eher als Kavaliersdelikte ansahen.[32]

Tatsächlich fällt die Beurteilung, ob es sich im jeweils konkreten Fall um einen Rechtsbruch handelt oder nicht, schwer, weil die Rechtskategorien des späten Mittelalters sich fundamental von denen der Neuzeit unterscheiden. Ein ganz wesentlicher Unterschied liegt darin, daß im modernen Staat das Gewaltmonopol des Staates völlig außer Frage steht, während es im Mittelalter die »rechte Gewalt der Einzelnen gibt«.[33] Eine solche Welt »kann keine friedliche, bürgerliche, zivile Gesellschaft sein«[34]. Deshalb erscheint uns das Mittelalter auch als »archaische Welt«, als eine Welt der Recht- und Friedlosigkeit. Eine Annäherung an die Verhältnisse des Mittelalters wird jedoch nur gelingen, wenn man versucht, dem sich in den Quellen des Mittelalters spiegelnden Rechtsbewußtsein auf die Spur zu kommen. Natürlich müssen auch ökonomische und soziale Fragestellungen in den Blick genommen werden. Es scheint »zwischen der angespannten sozialen Lage des niederen Adels und den krisenhaften Erscheinungen in der spätmittelalterlichen Wirtschaft und Gesellschaft« Zusammenhänge gegeben zu haben, die das Entstehen von »Raubrittertum« und auch »Seeräuberei« in größerem Umfang möglich gemacht haben, so daß sie als »Problem« ernstgenommen werden mußten.

Der Ausbruch des Krieges zwischen Mecklenburg und Dänemark

Politische Vorgänge am Ende der 80er Jahre des 14. Jahrhunderts ließen die Seeräuberfrage in der Ostsee wieder aktuell werden. Das Haus Mecklenburg, das sich nach dem Tod Albrechts II. damit abgefunden hatte, den dänischen Thron zumindest vorerst nicht besteigen zu können, mußte 1389 einen weiteren herben Schlag einstecken. Wahrscheinlich schon seit dem Jahr 1387 waren Verhandlungen zwischen Königin Margarete von Norwegen und den Teilen des schwedischen Adels, die mit der Herrschaft des Mecklenburgers Albrechts III. unzufrieden waren, im Gange mit dem Ziel der Vereinigung der Reiche Norwegen, Schweden und Dänemark. Tatsächlich huldigte im März 1388 der mitAlbrecht verfeindete schwedische Adel Königin Margarete, worauf der schwedische König, der zugleich der Herzog von Mecklenburg war, Bündnispartner in Deutschland suchte. Viel Erfolg hatte er bei seinem Werben jedoch nicht. Die Hansestädte erklärten sich bereit, zwischen Margarete und Albrecht zu vermitteln; lediglich Graf Albrecht von Holstein und Markgraf Jobst von Brandenburg schlossen im Herbst 1388 Bündnisverträge mit dem Mecklenburger.[36] Im Dezember 1388 brach Albrecht III. mit einem Heer nach Schweden auf. Am 24. Februar 1389 kam es bei Falköping zum Aufeinandertreffen der beiden gegnerischen Heere. Albrecht III. erlitt eine vernichtende Niederlage, fiel zusammen mit seinem Sohn Erich den Schweden in die Hände und mußte seine Gefangenschaft auf dem schonischen Schloß Lindholm antreten. In kurzer Zeit hatte Margarete ganz Schweden unter ihre Herrschaft gebracht. Nur die Festung Stockholm mit zahlreicher deutscher Bevölkerung hielt zu Albrecht und konnte von Margarete auch militärisch nicht erobert werden.

Kampflos gab sich Mecklenburg aber nicht geschlagen. Nach erfolglosen Verhandlungen mit Königin Margarete um die Freilassung Albrechts begann das Herzogtum mit neuerlichen Kriegsvorbereitungen. Zunächst schien es notwendig zu sein, dem belagerten Stockholm zu helfen.

»Die Unternehmung war durch eine Vorsicht, die König Albrecht vor dem Auszuge zum Kampfe gegen Margarete gebraucht hatte, gewissermaßen auch staatsrechtlich sanktioniert: für den Fall nämlich, daß ihm in dem bevorstehenden Kampfe etwas zustieße, hatte er die Bestimmung getroffen, daß dann sein Neffe Johann IV. von Mecklenburg, der Sohn Magnus' I., die Regentschaft Schwedens erhalten sollte. Jetzt war diese Bestimmung rechtskräftig geworden. Johanns IV. Unmündigkeit bestimmte aber das Haus Mecklenburg, dem Oheim des Königs Albrecht, Herzog Johann I. von Stargard, die Leitung der Angelegenheit in die Hand zu geben, zugleich mit der Ermahnung, alle Kräfte einzusetzen für die Befreiung seines Neffen. Dieser Entschluß bedeutete die offene Kampfansage an Margarete.«[37]

Da die Mecklenburger im Jahr 1389 noch in einer Fehde mit Brandenburg lagen, begannen die ersten militärischen Aktionen erst 1390. Zur Finanzierung des bevorstehenden Krieges erhob das Herzogshaus eine Kriegssteuer, so z. B. in Rostock zwischen dem Oktober 1389 und Februar 1390.[38] Die Kriegstaktik der Mecklenburger war offensichtlich zweigleisig angelegt. Zum einen sollten die Dänen durch direkte Angriffe in die Enge gedrängt werden, zum anderen versuchte man, durch einen Kaperkrieg gegen dänische Schiffe den Gegner zu schwächen. In dieser zweiten Kriegstaktik liegt die Ursache für das Wiederaufleben der Seeräuberei in der Ostsee. Bereits im Sommer 1390 gab es die ersten Beschwerden über aufgebrachte Schiffe. Es ist die Stadt Visby, seit 1361 dänisch, die an die am 24. Juni 1390 in Lübeck versammelten Hansestädte schrieb, »dass die Hauptleute Rostocks und Wismars seinen Bürgern Schiffe genommen habe, trotzdem es keine Feindschaft mit diesen Städten habe und von der Krone Dänemark privilegiert sei, daß es mit deren Kriege nichts zu tun habe; bittet dafür zu sorgen, daß der Kaufmann nicht beschwert werde«[39]. Die Schnelligkeit, mit der mecklenburgische Kampfverbände gegen Dänemark zur See zur Verfügung standen, spricht dafür, daß sich die Seeräubergruppen, die zwischen 1376 und 1386 die Ostsee unsicher gemacht hatten, nicht restlos aufgelöst hatten.

Noch im Jahr 1390 versuchte Johann von Stargard dem belagerten Stockholm zu Hilfe zu kommen. In der Lübecker Detmar-Chronik steht zu dieser Aktion folgender Bericht:

»In demselben Jahr zog Herzog Johann von Mecklenburg, Herr zu Stargard, nach Schweden zu dem Holme, um seinen Vetter, König Albrecht von Schweden, zu trösten und ihm zu helfen. Und die Bürger von dem Holme blieben treue und gute Leute und hielten zu ihrem Herrn. Die anderen hatten alle zusammen die Partei gewechselt und sich abgewendet von König Albrecht, ihrem rechten Herrn, dem sie gehuldigt und geschworen hatten; dies taten sie ohne Not, nur aus reiner Bosheit.

Zu der selben Zeit, zu der Herzog Johann zu dem Holme segelte, erhob sich ein großer Sturm, und wegen des Sturmes nahmen seine Leute großen Schaden, als eine Kogge vor Öland unterging; damit verloren viele gute Leute ihr Leben, Ritter und Knechte, und was lebendig blieb, wurde gefangen: also blieben beide (auf der Strecke), Schiff und Leute. Auch gab es auf der selben Reise einen Schiffer, der hieß Rorbek; der hatte bei sich gute Bürger von Stockholm und gute Ritter und Knechte; die segelten nach Kalmar, genau den Feinden in die Hände.«[40]

Diese offensichtlich völlig fehlgeschlagene militärische Aktion ist durch andere Quellenüberlieferungen nicht abgestützt, so daß der Bericht darüber mit einer gewissen Vorsicht zu bewerten ist.

Die Öffnung der Häfen von Rostock und Wismar für »alle, die das Reich Dänemark schädigen wollen«

Trotz dieser gescheiterten Aktion gelangen den Mecklenburgern bei ihren Einfällen in das Innere Schwedens einige Teilerfolge. Da aber Margarete nun energische Anstrengungen unternahm, den mecklenburgischen Stützpunkt Stockholm zu erobern, griffen die Mecklenburger weiterhin zum Mittel des Kaperkrieges, und dieses Mal sehr viel konsequenter als in den 70er und 80er Jahren des 14. Jahrhunderts. Offenbar öffneten die Herzöge von Mecklenburg und die mecklenburgischen Städte ihre Häfen für alle, die am Kaperkrieg

Ansicht von Wismar, Kupferstich aus Georg Braun und Franz Hogenberg, ›Beschreibung und Contrafactur der vornembster Stät der Welt‹, Köln 1572

gegen Dänemark teilnehmen wollten. Allerdings sind weder diese Beschlüsse noch entsprechende Kaperbriefe überliefert. Wann die Öffnung der Häfen genau erfolgte, läßt sich nicht exakt feststellen. In der Chronik des Lübecker Geistlichen Reimar Kock aus der Mitte des 16. Jahrhunderts steht zu diesem Thema folgende Notiz:

»In demselben Jahr, als die Schiffe von Rostock und Wismar mit Herzog Johann nach Stockholm unterwegs waren, da ließen die von Rostock und Wismar ausrufen, daß derjenige, der auf seine freie Beute und auf seine eigenen Kosten sein Glück versuchen wolle, um die Reiche Dänemark und Norwegen zu berauben und zu schädigen, sich in den Städten Wismar und Rostock einfinden solle, um Kaperbriefe zu empfangen, wo es ihnen auch erlaubt sei, frei zu teilen, zu tauschen und die geraubten Waren zu verkaufen. Der Fürst ließ das Gleiche ausrufen, daß die Häfen Ribnitz und Golwitz für alle, die die eben genannten Reiche schädigen wollten, geöffnet werden sollten.«[41]

Das hieße also, daß Wismar und Rostock bereits im Jahre 1390 ihre Häfen geöffnet hätten. Mit Sicherheit überliefert ist dies jedoch erst für das Jahr 1391. Am 30. Juni 1391 erhielten die beiden mecklenburgischen Städte ein Antwortschreiben von den preußischen Städten auf ein nicht überliefertes Schreiben hin, das Wismar und Rostock vorher abgeschickt haben müssen, in dem die beiden Städte die Öffnung ihrer Häfen für alle, die das Reich Dänemark schädigen wollten, mitteilten. Die preußischen Städte teilten mit, »dass ihnen die Gefangennahme des Königs Albrecht und seines Sohnes leid thue; die Oeffnung ihrer Häfen für Alle, die das Reich Dänemark schädigen wollen, däuche ihnen unbillig gegen den gemeinen Kaufmann, der mit ihrem Kriege nichts zu schaffen habe; ihrem Verlangen entgegen, die Fahrt nach Dänemark einzustellen, begehren sie, ihnen ungestörte Fahrt zu lassen und sie nicht zu schädigen«.[42] Wieder befanden sich Wismar und Rostock wie wenige Jahre zuvor im Konflikt zwischen der Wahrnehmung ihrer hansischen Interessen einerseits und der Gefolgschaftspflicht gegenüber dem mecklenburgischen Herzogshaus andererseits. Wieder entschieden sich die Städte für die Unterstützung ihres Landesherrn. Welche inneren Spannungen die Ratsgremien in den Monaten der Entscheidung durchmachten, kann durch zeitgenössische Quellen nicht mehr belegt werden. Aber dieser Entschluß kann ihnen nicht leicht gefallen sein. Einerseits verstießen sie durch ihre hansefeindliche Politik gegen ihre eigenen Handelsinteressen. Andererseits mußte der unabsehbare Aufenthalt größerer Scharen von Seeräubern für starke Belastungen und Beunruhigung bei der eigenen Bevölkerung sorgen. Ganz freiwillig scheint die Öffnung der Häfen durch Wismar und Rostock auch nicht vonstatten gegangen zu sein. Die Städte rechtfertigten sich gegenüber der Hanse für ihre Politik mit der Begründung, sie seien von den Herzögen und der Ritterschaft Mecklenburgs unter der Androhung von Zwangsmaßnahmen genötigt worden, ihre Häfen für die Seeräuber zu öffnen und dem Bund der Herzöge und der Ritterschaft von Mecklenburg gegen die drei nordischen Reiche vom 3. Mai 1391 beizutreten. Drei Jahre später allerdings gingen Wismar und Rostock mit ihrer Argumentation sogar in die Offensive. Gegenüber dem Hochmeister des

Ansicht von Rostock, Kupferstich aus Georg Braun und Franz Hogenberg, ›Beschreibung und Contrafactur der vornembster Stät der Welt‹, Köln 1572

Deutschen Ordens, Konrad von Jungingen, erklärten sie 1394, daß die Königin, die sich ja bereits zweier Reiche, nämlich Dänemarks und Norwegens, bemächtigt hatte, sich nun auch Schweden einverleiben würde. Die Fürsten von Mecklenburg und ihre Städte stellten sich einer solchen schädlichen Entwicklung energisch entgegen und erwiesen sich so als die eigentlichen Hüter hansischer Interessen.[43] An anderer Stelle bezichtigten die beiden Städte Lübeck und die übrigen wendischen Städte, tatenlos der expansiven Politik Margaretes zuzusehen und nichts zu unternehmen. Die Machtzusammenballung, die sich der drohenden Zusammenfügung der drei Reiche Dänemark, Norwegen und Schweden bereits unheilvoll ankündigte, würde doch die Stellung der Hanse im Ostseeraum als beherrschende Handelsmacht stark unterhöhlen. Auf jeden Fall waren Wismar und Rostock in einer äußerst schwierigen, konfliktreichen Situation. Da die Hanse aber immer sehr viel Verständnis für die unterschiedlichen Zwänge hatte, denen ihre Mitgliedsstädte ausgesetzt waren, besonders wenn es sich um Pflichten und Rücksichtnahmen den Landesherren gegenüber handelte, sah sie auch hier von größeren Maßnahmen gegen Wismar und Rostock ab.

Das Aufkommen der Vitalienbrüder

Die Folgen der »Anwerbung« von Seeräubern durch die beiden mecklenburgischen Hansestädte und die kleineren »Klipphäfen«[44] werden von Reimar Kock farbig geschildert:

»Es ist nicht zu beschreiben, was an losem und bösem Volke zusammenlief aus allen Ländern von Bauern und Bürgern, von Amtsknechten und anderem losen Volke, die alle nicht arbeiten wollten, sie ließen sich dingen, sie wollten alle von den armen dänischen und norwegischen Bauern reich werden. Dies ließ sich am Anfang wohl als eine profitable Sache an, wodurch den Feinden großer Abbruch getan wurde. Wenn man dem losen Haufen (erst einmal) freie Hand ließ, so konnte man ihn doch mit aller Macht kaum mehr daran hindern, Böses zu tun, selbst wenn man ihn unter großem Zwange hielt.

Diese Gesellen, die sich so versammelten, die keinen Sold erhielten, sondern auf eigene Rechnung fuhren, nannten sich *Vitalienbrüder*. Als sie zur Seefahrt kamen, vergaßen sie sehr bald ihre eigentliche Bestimmung und sahen als Feind alle an, die ihnen auf See in die Quere kamen, was man zu Hause in Wismar und Rostock nicht hörte, davon werden wir hiernach noch vieles hören.«[45]

Ob die Vitalienbrüder sich 1391 schon so nannten, ist durchaus fraglich. Es gibt mehrere Bezeichnungen für den ausgesprochen schwer faßbaren Seeräuberhaufen, der vermutlich auch eine in sich sehr unterschiedliche Sozialstruktur aufwies und mit Sicherheit in mehrere Gruppen zerfiel, über deren Zusammenhalt auch nur wenig überliefert ist. »Vitalienbrüder« ist der geläufigste Name, der auch in den Quellen der Zeit in aller Regel als Sammelbegriff für dieses auch den Zeitgenossen schwer begreifliche Phänomen »Seeräuberei« benutzt wurde. Andere Namen sind Likedeeler und Hattebröder. Der Name »Likedeeler« kommt um 1398 auf und bedeutet »Gleichteiler«. Diese Bezeichnung beinhaltet eine sozialpolitische Komponente nicht ohne Sprengkraft, scheint beinahe ein Gegenmodell zur ständischen, streng hierarchisch strukturierten spätmittelalterlichen Gesellschaft darzustellen und weist – wie auch die der »Vitalienbrüder« – auf bruderschaftliche und genossenschaftliche Elemente hin.[46] Der Name »Hattebröder« spielt nur eine untergeordnete Rolle und hängt möglicherweise mit dem von König Albrecht angeblich geleisteten Gelübde zusammen, nach dem er »seinen Hut nicht eher aufsetzen (wolle), als bis er Margaretha überwunden habe«.[47]

Die Frage, woher der Begriff »Vitalienbrüder« kommt, ist heftig umstritten. Oft liest man, daß sich dieser Name der jahrelang wahrgenommenen Aufgabe der Vitalienbrüder verdanke, das belagerte Stockholm mit Lebensmitteln, »Viktualien«, zu versorgen. Das schwerwiegendste Argument gegen diese Deutung ist jedoch darin zu sehen, daß in den Hamburger Kämmereirechnungen von 1390 bereits eine Eintragung enthalten ist, die eindeutig den Namen »Vitalienses« enthält, zu einem Zeitpunkt also, zu dem die Vitalienbrüder noch keine Kaperbriefe der Mecklenburger besaßen und bei der Versorgung Stockholms noch nicht mithalfen. Und selbst wenn einige Vitalienbrüder bereits 1390 Stockholm zu Hilfe gekommen sein sollten, so ist es doch undenkbar, daß sich noch im selben Jahr aus diesem Umstand heraus ein neuer Name für die bisher in hansischen Kreisen schlicht »serovere« Genannten gebildet hätte. Die Eintragung im Hamburger Kämmereibuch lautet: »Ad reysam dominorum supra Weseram contra Vitalienses: 230 Pf. 14 Sch.«[48] Also: Für die Reise der Herren über die Weser gegen die Vitalienser: 230 Pfund 14 Schillinge. Drei wichtige Informationen können wir dieser Eintragung entnehmen:

1. Der Begriff »Vitalienses« war offenbar bereits 1390 gebräuchlich oder zumindest bekannt.

2. Die Vitalienbrüder kamen zu dieser Zeit nicht nur in der Ostsee vor, sondern entfalteten ihre Aktivitäten auch in der Nordsee.

3. Die Hamburger fühlten sich schon 1390 aufgerufen, gegen die Vitalienbrüder vorzugehen.

Eine andere Namensdeutung beruft sich auf die alten Chroniken, etwa die von Reimar Kock, in denen der Name »Vitalienbrüder« in Zusammenhang damit gebracht wird, daß diese Vitalienbrüder keine Söldner zur See waren, die Sold und Verpflegung vom Auftraggeber erhielten, sondern auf eigene Rechnung über See fuhren und sich auch selbst versorgten. Die Namensbestandteil »Vitalie« deutet dann also auf die Selbstversorgung der Vitalienbrüder hin.[49]

Drittes Kapitel

Die Beteiligung der Vitalienbrüder am Krieg zwischen Mecklenburg und Dänemark (1391–1393)

Der Kaperkrieg in der Ostsee

Im Laufe des Jahres 1391 wurde mit der Aufnahme des Kaperkrieges der Mecklenburger gegen die nordischen Reiche und die damit verbundene Öffnung der mecklenburgischen Häfen für alle, die das Reich Dänemark schädigen wollten, die Situation auf der Ostsee auch für die Handelsschiffahrt sehr viel unruhiger als in den fünf Jahren zuvor. Das Problem der Kaperei und Seeräuberei sollte sich in den nächsten Jahren insbesondere für die Handelsschiffe der Hanse noch drängender stellen als in der Zeit zwischen 1376 und 1385, weil sich, wie wir noch sehen werden, die Vitalienbrüder zu einer neuen, unberechenbaren und von niemandem mehr zu steuernden Macht entwickelten.

Das Risiko, das die Vitalienbrüder mit ihrer Handlungsweise eingingen, war nicht unbeträchtlich. Denn die von den Mecklenburgern ausgestellten Kaperbriefe, von denen sich leider kein Exemplar erhalten hat, bewahrten die Kaperer nicht vor schwerer Bestrafung, wenn sie beim Versuch, ein anderes Schiff aufzubringen, scheiterten und selbst in Gefangenschaft gerieten. In einem konkreten Fall, der auch von Reimar Kock überliefert wird, nutzte der möglicherweise mitgeführte Kaperbrief den Vitalienbrüdern überhaupt nichts:

»Es begab sich aber in diesem Jahr (1391), daß etliche von diesen Vitalienbrüdern ein sundisches Schiff (Schiff aus Stralsund) anfielen und es mit Gewalt nehmen wollten, obwohl sie hörten und sahen, daß es nicht Dänen, sondern Deutsche waren. Aber die von dem Stralsunder Schiff wehrten sich und überwanden die Vitalienbrüder und brachten mehr als hundert in ihre Gewalt. Da aber Ketten und hölzerne und eiserne Fußfesseln nicht genügend vorhanden waren, wurde beratschlagt, ob man sie unter ein Gelübde stellen sollte; sie hätten diejenigen, die sie gefangen hatten, vielleicht im Schlafe erwürgt. Deshalb erdachten sie eine neue Art, die Vitalienbrüder zu verwahren: sie nahmen Tonnen, von denen sie viele geladen hatten, schlugen einen Boden heraus und in den anderen Boden ein so großes Loch, daß der Boden den Hals eines Menschen umschloß und steckten einen nach dem anderen von den Vitalienbrüdern in die Tonnen, so daß der Kopf aus der Tonne herausguckte, und schlugen die Tonne wieder zu. Sie stapelten die Vitalienbrüder auf einem Haufen, wie man Tonnen zu stapeln pflegt, und fuhren sie also nach Stralsund. Die Vitalienbrüder blieben auch in den Tonnen so lange, bis man sie mit Wagen an die Stätte fuhr, wo man ihnen die Köpfe abschlagen würde. Diese Art, die Gefangenen zu behandeln, hatten die Stralsunder von den Vitalienbrüdern gelernt, die hatten manchen armen Dänen genauso geschunden und gemartert.«[50]

Die Antwort der Hansestädte auf die Kaperversuche der Vitalienbrüder bestand also in unerbittlicher Härte, die gerechtfertigt werden konnte als Reaktion auf unmenschliche Behandlung von Mannschaften gekaperter Schiffe durch die Vitalienbrüder. Zu einer gemeinsamen Aktion der Hansestädte kam es aber auch nach diesem Vorfall, der im Hanseraum sicher viel Aufmerksamkeit erregte, nicht. Die wahrscheinlichste Ursache für die Zurückhaltung der Hanse liegt darin, daß die Städtegemeinschaft, an der Spitze ihr »Haupt«, Lübeck, in der Anfangsphase des neu entflammten mecklenburgisch-dänischen Konflikts um strikte Neutralität bemüht war. Nur eine erkennbar neutrale Haltung konnte es der Hanse ermöglichen, einigermaßen glimpflich aus dem Seekrieg hervorzugehen. Die Favorisierung einer Seite hätte unweigerlich das militärische Engagement der Hanse und für die Dauer des Krieges das völlige Darniederliegen der Handelsschiffahrt in der Ostsee zur Folge gehabt.

Es ist aber ein über Jahrhunderte zu verfolgender Grundzug hansischer Politik gewesen, Konflikte nur dann militärisch zu lösen, wenn es überhaupt keinen anderen Ausweg mehr gab. Diese

DER KRIEG ZWISCHEN MECKLENBURG UND DÄNEMARK (1391–1393) 45

Holk in einem historischen Modell, sog. Mataro-Modell (Maritiem-Museum Prins Hendrik, Rotterdam)

Haltung entsprang keineswegs einer pazifistischen Überzeugung, sondern der kühlen kaufmännischen Kalkulation, nach der jeder Krieg große materielle Aufwendungen notwendig machte und den Handel in den betroffenen Regionen stark beeinträchtigte oder sogar zum Erliegen brachte. Wenn jedoch die Hanse dazu bereit war, Kriege zu führen, lagen dem ebenfalls wirtschaftliche Erwägungen zugrunde. In keiner Phase hansischer Geschichte führte die Städtegemeinschaft einen Krieg territorialer Ausdehnung oder politischer Herrschaft wegen. Es ging immer und ausschließlich um die Erhaltung oder Ausdehnung von Wirtschaftsräumen. Lediglich wenn der Städtebund einzelne Mitglieder, die von ihren Landesherren überfallen und belagert wurden, militärisch unterstützte, kam ihm auch eine politische Funktion zu, ohne daß es die Hanse vorrangig darauf abgesehen hätte. Sie konnte jedoch nicht umhin, den Kampf um wirtschaftliche Machterhaltung oder -erweiterung oft auch politisch zu führen.

Da die Vitalienbrüder in der ersten Phase des Krieges eindeutig als militärische Verbündete der Mecklenburger auftraten, hätten Maßnahmen der Hanse gegen sie als eine Parteinahme der Städtegemeinschaft für Königin Margarete und damit gegen die Mecklenburger gewertet werden müssen, was einen unbeschränkten Kaperkrieg der Mecklenburger gegen hansische Schiffe und damit die Einstellung des hansischen Handels in der Ostsee auf unübersehbare Zeit bedeutet hätte. Die Hanse neigte daher zunächst keinem der Kontrahenten zu. Im Grunde war diese Haltung auch Ausdruck ihrer Politik einer »balance of power«. D.h. das Entstehen einer starken politischen Macht im Ostseeraum war nach wie vor genau das, was sie verhindern wollte.

Also reagierte die Hanse auf Beschwerden der preußischen Städte über mecklenburgische Kaperer, die auch vor preußischen Schiffen nicht halt machten, beschwichtigend.[51] Was war geschehen? Im Sommer 1391 hatte der Sohn Johanns I., Johann II. von Stargard, sich von Wismar und Rostock aus mit einem großen Heer nach Schweden auf den Weg gemacht.[52] Schiffshauptleute waren Johann Tuckeswert aus Wismar und Johann van der Aa aus Rostock.[53] Johann II. hatte mehr Glück als sein Vater im Jahr zuvor. Er nahm auf seinem Weg nach Schweden Bornholm und Gotland ein und segelte weiter Richtung Stockholm, wo er mit Glück, wie der Chronist Detmar vermerkt, auch ankam. Es kam allerdings nicht zu der großen militärischen Auseinandersetzung, sondern aus Mangel an Lebensmitteln auf beiden Seiten zu Verhandlungen, wobei neben der Höhe der zur Auslösung König Albrechts notwendigen Summe – 50 000 Mark Silbers – auch ein weiterer Verhandlungstag im Sommer 1392 festgelegt wurde, der dann auch in Vordingborg stattfand, aber kein Ergebnis brachte.[54]

Wer im Gefolge Johanns II. mit nach Schweden segelte, läßt sich natürlich nicht mehr rekonstruieren. Der Mecklenburger konnte es sich aber kaum leisten, wählerisch zu sein, er war auf jede Unterstützung angewiesen. Daher wird man annehmen können, daß auch Vitalienbrüder unter seinen Leuten waren. Die Grenze zu ziehen zwischen »regulären« mecklenburgischen Truppen und Vitalienbrüdern ist nicht nur heute nicht mehr möglich, es wird auch schon zur damaligen Zeit nur schwerlich ein Unterschied feststellbar gewesen

Schiffsladung aus einem Wrack des 14./15. Jahrhunderts, gefunden in der Hafenbucht von Danzig um 1970 (Zentrales Schiffahrtsmuseum, Danzig)

sein – es sei denn, die Vitalienbrüder hatten zu diesem Zeitpunkt, im Jahr 1391, bereits einen so hohen Organisationsgrad erreicht, daß sie ausschließlich auf eigenen Schiffen und unter eigenen Hauptleuten fuhren.

Als die Flotte der Mecklenburger vor Bornholm lag, wurden Schiffe preußischer Kaufleute, die am Krieg der Mecklenburger gänzlich unbeteiligt waren, aufgebracht. Auf einer Versammlung in Marienburg am 18. Oktober 1391 gaben die preußischen Städte ihren Gesandten u.a. mit auf den Weg: »Auch sollen die Sendboten mit Herzog Johann von Mecklenburg und den Städten Wismar und Rostock, so gut wie sie können, über den Schaden, den sie bei Bornholm und auch anderswo den Kaufleuten zugefügt haben, reden.«[55] In seiner Antwort vom 13. November 1391 auf die preußischen Vorwürfe stellte Wismar fest, daß keine Mannschaft aus Wismar für den entstandenen Schaden verantwortlich sei. Hätten herzogliche Truppen diese Schäden verursacht, würden Herzog Johann und seine Söhne sicherlich für Wiedergutmachung sorgen. Im übrigen sei es oft auf großen Heerfahrten nicht zu vermeiden, daß Unbeteiligte zu Schaden kämen.[56] Daß aber auch die mecklenburgischen Herzöge nicht daran dachten, Wiedergutmachung zu leisten, geht aus einem Brief Herzog Johanns von Mecklenburg hervor, den er am 5. April 1392 an den Landesherrn der preußischen Städte, den Hochmeister des Deutschen Ordens, Konrad von Wallenrod, schrieb.[57] Der Hochmeister hatte sich zuvor über den Schaden, der seinen Städten, nämlich Danzig, Elbing und Braunsberg, von den Leuten Johanns von Mecklenburg und Albrechts von Schweden bei Bornholm zugefügt worden war, beschwert. Johann entschuldigte sich dafür, daß er in dieser Sache noch nichts hatte unternehmen können und begründete dies damit, daß er wegen der Friedensverhandlungen mit Königin Margarete um die Freilassung Albrechts von Schweden sehr beschäftigt gewesen sei. So wisse er noch nichts Konkretes über die Sache und bitte darum, diese Angelegenheit zunächst ruhen zu lassen, bis der ins Auge gefaßte Verhandlungstag mit Königin Margarete vorüber sei. Für den Fall, daß es den Geschädigten inzwischen gelänge, die Täter zu finden, bot er allerdings Rechtshilfe an. Diese Reaktion besagte nichts anderes, als daß der mecklenburgische Herzog auf Zeit spielte und keineswegs gewillt war, den preußischen Städten zu ihrem Recht zu verhelfen. Diese Reaktion der kriegführenden Mecklenburger konnte die Preußen natürlich nicht zufriedenstellen. Auch wenn weder die mecklenburgischen Städte noch der Herzog für den Schaden unmittelbar verantwortlich gewesen wären, so hätten sie dennoch die politische Verantwortung für diesen Vorfall übernehmen müssen, da er durch ihren Kriegszug und durch in ihrem Gefolge segelnde »Seeräuber« bzw. »Vitalienbrüder« ausgelöst worden war.

Im Laufe des Jahres 1392 wurde noch keine endgültige Lösung des mecklenburgisch-dänischen Konfliktes erzielt. König Albrecht blieb weiter in Gefangenschaft. Auch die Verhandlungen von Vordingborg am 9. Juni 1392 blieben, wie wir bereits wissen, ohne durchschlagendes Ergebnis. Dafür wurde die Seeräuberfrage im Laufe des Jahres 1392 so akut wie schon lange nicht mehr. In der Lübecker Detmar-Chronik wird das Aufkommen der Vitalienbrüder sogar erst in diesem Jahr registriert, was damit zusammenhängen kann, daß die Aktionen der Vitalienbrüder im Laufe des Jahres

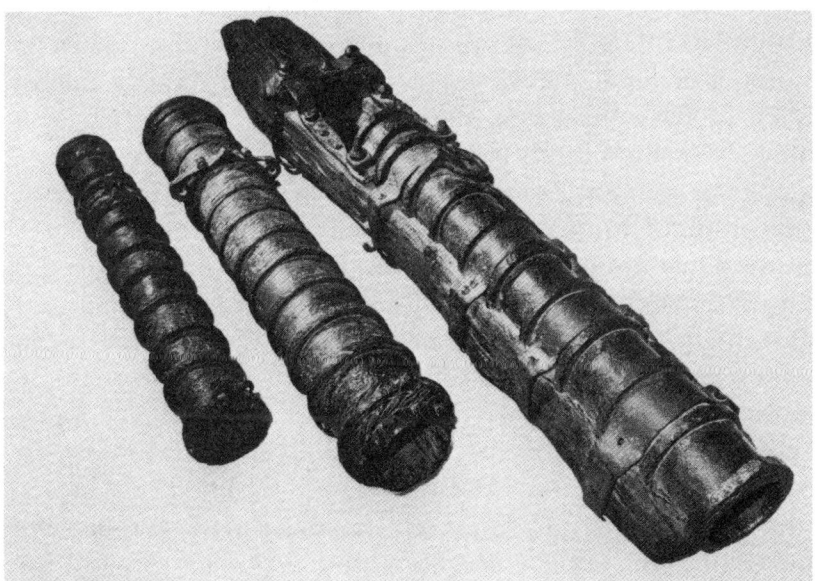

Schiffsgeschütze, Geschützrohre sowie Steinbüchsen, 15. Jahrhundert (Museum für Hamburgische Geschichte)

1391 noch in sehr engem Kontakt mit den regulären mecklenburgischen Truppen stattfanden und sie daher noch nicht eigenständig in Erscheinung traten. Erst im Jahr 1392 erhielten die Vitalienbrüder in den Augen des Chronisten deutliche Konturen, die Detmar so beschrieb:

»In diesem Jahr warf sich ein zügelloses Volk zusammen von Hofleuten, von Bürgern aus vielen Städten, von Amtleuten, von Bauern, und die nannten sich Vitalienbrüder. Sie sprachen, sie wollten zur Königin von Dänemark ziehen, um dem König von Schweden zu helfen, den sie gefangen hatte, und sie sollten niemanden gefangennehmen und berauben, sondern die (Mecklenburger) mit Gütern und Hilfe gegen die Königin unterstützen. (Aber sie hielten sich nicht daran) und bedrohten leider die ganze See und alle Kaufleute, ob Freund oder Feind, so daß die Schonenfahrt wohl drei Jahre darniederlag. Darum war in diesen Jahren der Hering sehr teuer.«[58]

Ein Schreiben Lübecks vom 25. August 1392 an die preußischen Städte verdeutlicht ebenfalls, wie ernst die Situation im Laufe dieses Jahres geworden war, auch wenn die erste Mitteilung in der Lübekker Botschaft wohl merkwürdig auf die preußischen Städte gewirkt haben muß. Hier heißt es nämlich: »Liebe Freunde, wir möchten, daß ihr wißt, daß die von Rostock und von Wismar ihre Häfen geöffnet haben für die Mecklenburger und ihre Helfer. Da die Räuber sich in großer Zahl gesammelt haben und in der See liegen, gibt es viel Raub und großen Schaden für die Seefahrt, und es geschieht wieder das, was von Zeit zu Zeit geschehen ist, daß viele Kaufleute gefangen werden und ihr Leben verlieren und Waren vernichtet werden.«[59] Ein gutes Jahr zuvor, am 30. Juni 1391, hatten die preußischen Städte – für uns erkennbar – als erste auf die Ankündigung Wismars und Rostocks, die Häfen für »alle, die das Reich Dänemark schädigen wollen«, zu öffnen, reagiert und sich gegen die bevorstehenden Behinderungen der Schiffahrt ausgesprochen. Kurze Zeit später sind die preußischen Städte bei Bornholm schwer geschädigt worden. Diese Nachricht Lübecks kann für die preußischen Städte kaum neu gewesen sein, es sei denn, Wismar und Rostock hätten während des mecklenburgisch-dänischen Waffenstillstands tatsächlich ihre Häfen für die Vitalienbrüder wieder geschlossen, was jedoch kaum denkbar ist. Aber neben der bloßen

Mitteilung ist auch eine Warnung in dem Brief enthalten: »Wir schreiben euch das und teilen das deshalb mit, damit ihr eure und andere Kaufleute, die sich bei euch aufhalten, von der Gefahr unterrichtet und sie warnt, daß sie nicht auf die See hinausfahren, es sei denn, daß sie in einer Flotte fahren und sich zusammenhalten, so daß sie keinen Schaden nehmen können. Der Herr möge euch schützen, wie wir euch das wünschen.«

Die Situation hatte sich also im Spätsommer 1392 so zugespitzt, daß einzelne Schiffe nur noch unter großem Risiko die Ostsee befahren konnten. Allein im Flottenverband schien die Ostseeschiffahrt noch halbwegs sicher zu sein. Da sich die preußischen Städte zunächst nicht an die Empfehlung Lübecks hielten und ihre Schiffe weiterhin einzeln über die Ostsee fuhren, mußten sie einige Kaperungen hinnehmen. Zwei Schiffe aus Elbing wurden von den Vitalienbrüdern bei Bornholm aufgebracht und ausgeplündert, eines davon fiel nach der Freilassung auf dem Weg nach Stralsund auch noch in die Hand dänischer Schiffe.[60]

Die vermehrten Aktivitäten der Vitalienbrüder hatten die dänische Königin nämlich bewegt, ihre Seestreitkräfte zu aktivieren. Überfälle in Livland mit einer Truppenstärke von 1500 Mann sollen in dieser Zeit ebenfalls vorgekommen sein.[61]

Aus einem weiteren Brief Lübecks an die preußischen Städte vom 6. Februar 1393 geht hervor, wie schwierig die Lage der Handelsschiffahrt in der Ostsee und wie heikel die Position der Hansestädte Rostock und Wismar in dieser Situation geworden war. Lübeck teilte den preußischen Städten in diesem Schreiben mit, daß es, mit Hamburg, Rostock und Wismar einen Tag abgehalten hätte wegen der vielfachen Schädigungen, die die Kaufleute durch die Mecklenburger zu erleiden hätten. Darauf hätten die mecklenburgischen Städte erklärt, »daß sie wegen des Krieges, den sie um König Albrechts von Schweden führen, eine Schädigung des dorthin fahrenden Kaufmanns nicht vermeiden können, und haben das Verlangen nach Einstellung des Verkehrs mit jenen Reichen gestellt; man habe sich geeinigt, Mai 1 zu Lübeck einen gemeinsamen Tag zu halten ...«[62] Wieder wird deutlich, wie entschieden Rostock und Wismar trotz ihrer Stellung »zwischen beiden Stühlen« für ihre Landesherrschaft eintraten und damit gegen die Interessen der Hanse handelten. Dennoch hielten sich beide Städte zugute, als Gegner der dänischen Königin zu den eigentlichen Hütern hansischer Interessen zu werden.

Der Angriff auf Bergen

Zu einem merkwürdigen und noch immer nicht klar erforschten Kriegszug der Vitalienbrüder kam es im Jahr 1393. Die Quellen sind teilweise widersprüchlich und auch nicht sehr ergiebig, so daß sie mehr Fragezeichen aufwerfen als Gewißheit vermitteln. Es geht um die Eroberung und Plünderung des norwegischen Bergen durch die Vitalienbrüder. Das Datum sowie die Frage, ob Bergen ein- oder zweimal von den Vitalienbrüdern heimgesucht wurde, sind lange umstritten gewesen, bis Hans Chr. Cordsen durch einen Quellenvergleich hier Klarheit schaffen konnte. Bergen wurde danach nur einmal überfallen, und zwar am 22. April 1393.[63] Verfolgen wir zunächst die Schilderung des Überfalls in der »sogenannten Rufus-Chronik«:

»In dem selben Jahr, ..., da fuhren die Rostocker und die Wismarer Vitalienbrüder nach Norwegen und schunden den Kaufmann zu Bergen; sie nahmen viele Kleinode in Gold und Silber und kostbare Kleider, Hausrat und auch Fische. Mit dem großen Schatz fuhren sie dann, ohne zurückgehalten zu werden, nach Rostock und verkauften ihn unter den

Schwert aus den Ausgrabungen auf dem Gelände des ehemaligen Minoritenklosters Bergen (möglicherweise vom Überfall der Vitalienbrüder auf Bergen 1393. Schwert des Maekingborg?)

Bürgern; das war denen willkommen; den anderen Teil des Raubs fuhren sie nach Wismar und verkauften ihn dort: die Bürger beider Städte machten sich wenig Gedanken, ob die Ware rechtlich oder widerrechtlich in Besitz genommen worden war.«[64]

Merkwürdig ist an diesem Vorfall in Bergen, daß die hansischen Schriftquellen überhaupt nichts über dieses Ereignis enthalten, obwohl doch normalerweise schon das Aufbringen eines einzigen hansischen Schiffes aktenkundig wurde. Haben die Vitalienbrüder vielleicht die Deutsche Brücke (eines der vier Auslandskontore der Hanse) in Bergen bewußt verschont und nur die Norweger geschädigt? Wie verlief überhaupt der Überfall, wer waren die Anführer? Welchen Zweck verfolgten die Vitalienbrüder mit dieser Aktion? Viele Fragen also, die teilweise von einer isländischen Schriftquelle beantwortet werden können, den sogenannten Flatøannaler, die zu dem Überfall auf Bergen folgendes berichten:

»Man erzählte von Norwegen ..., daß im Frühjahr, in der Osterwoche, Deutsche nach Bergen kamen und ganz Norwegen für König Albrecht forderten. Er aber war in Dänemark bei der Königin im Gefängnis zusammen mit seinem Sohn Erich. Sie gingen am folgenden Donnerstag vor Anker, die Bewohner aber rückten ihnen entgegen und kämpften mit ihnen. Auf beiden Seiten fielen viele, die meisten auf Seite der Deutschen. Die Bürger unterlagen. Die Deutschen hatten 900 Schützen; der Anführer hieß Enis, ein Deutscher, Verwandter Albrechts; ein anderer hieß ›Maekingborg‹, ebenfalls ein Verwandter Albrechts. Dieser fiel im Kampf und wurde beim Minoritenkloster begraben; Enis ließ ihn ehrenvoll bestatten. Die Leichen der anderen Gefallenen ließ er auf den Vaagen hinausschaffen und dort versenken. Jon Darre führte die Bürger – denn er war Hauptmann (fehirdir) – er kämpfte sehr tapfer, wurde jedoch von den Deutschen gefangen ... Der, welcher ›Maekingborg‹ tötete, hieß Erik (Eirikir). Die Deutschen richteten eine große Verheerung an, raubten und plünderten und verletzten beides, Kirchen- und Frauenrecht. Sie plünderten so sehr, daß sie alles, was sie nicht mitnahmen, in die See versenkten, Schiffe und Anker, deren sie habhaft werden konnten, fortführten, ausgenommen einen Anker, ›Langbein‹ genannt, der König Olavs Eigentum gewesen war. Enis ließ das Land Albrecht huldigen, weil er der rechtmäßige König sei. Diese schwuren den Eid.«[65]

Bei Restaurierungsarbeiten im Jahre 1880 in der Domkirche, die an der Stelle erbaut wurde, an der früher das Minoritenkloster gestanden hatte, wurde ein Grab gefunden, das das Grab des getöteten Maekingborg gewesen sein könnte. »Dicht unter dem Fußboden fand man lose im Sand ein Skelett und ein Schwert. Vom Skelett war der Schädel, der im Lehm lag, ziemlich gut erhalten.«[66] Da es sich bei dem Schwert um einen sogenannten Bi- oder Zweihänder handelt, einen Typ also, der im 14. Jahrhundert aufkam, und »der Schädel des Skelettes gewaltsam gespalten schien und das Grab den Eindruck gemacht hat, als ob es in Eile aufgeworfen sei, muß die Vermutung ..., daß man es hier mit dem Schwert und dem Skelett des gefallenen ›Mecklenburg‹ zu tun habe, als nicht unbegründet bezeichnet werden.«[67] Die chronikalische Überlieferung aus der isländischen Quelle wird also möglicherweise durch einen zufälligen Ausgrabungsfund gestützt.

Wer aber waren die Anführer der Deutschen, Enis und Maekingborg? Sie werden als Verwandte König Albrechts bezeichnet und müssen also im Umfeld des mecklenburgischen Adels gesucht werden. Viel spricht dafür, daß es sich bei Maekingborg um den regierenden Herzog von Stargard, Johann I., handelt, der schon 1390 versucht hatte, seinem gefangenen Vetter Albrecht mit einer militärischen, jedoch völlig gescheiterten Aktion gegen Stockholm zu Hilfe zu kommen.[68] Da Johann I. also selbst aktiv im Kampf der Mecklenburger gegen Königin Margarete teilnahm und sein Begräbnisort genausowenig wie das genaue Todesjahr bekannt ist – man vermutet, daß er etwa 1392/93 gestorben ist –, gibt es keine unwiderlegbare Tatsachen, die dagegen sprechen, daß Maekingborg in Wirklichkeit Johann I. von Stargard war. Schwieriger ist es, die Identität des Enis freizulegen. Eine plausible Erklärung gibt Cordsen, indem er Johann IV. von Schwerin als Enis identifiziert. Johann IV. wurde 1394 Befehlshaber von Stockholm, das er am 31. August 1395 übergab, worauf die Vitalienbrüder die umliegenden Städte und die Schären verließen.[69] Johann von Schwerin spielte also im mecklenburgisch-dänischen Konflikt eine aktive Rolle.

Damit würden die Anführer des Zuges gegen Bergen höchsten mecklenburgischen Adel repräsentieren.

Wen sehen die zeitgenössischen Quellen als Angreifer an? Interessant ist, daß die deutschen erzählenden Quellen von den Wismarer und Rostocker Vitalienbrüdern berichten, die den Angriff auf Bergen geführt hätten, während die englischen und isländischen Schriftquellen »Deutsche« und sogar »Personen der Gemeinschaft, die man Hanse nennt« als Urheber des Überfalls auf Bergen nennen. In einer englischen Klageakte von 1406 heißt es: »... Übeltäter und Räuber von Wismar und andere von der Hanse erreichten mit einer großen Menge von Schiffen Bergen in Norwegen und nahmen besagte Stadt ein ..., raubten ihre Güter ..., brannten ihre Häuser nieder und verlangten hohe Lösegelder für die Gefangenen ... im Gesamtwert von 440 Nobeln. Außerdem beraubten sie Edmund Belyetere und andere Kaufleute aus Lynn um Waren im Wert von 1 815 Pfund.«[70] Das Motiv der Engländer, den Angriff auf Bergen der Hanse anzulasten, liegt auf der Hand und wird in vielen anderen Fällen ebenso deutlich. Es war natürlich viel einfacher, sich für geraubte Waren bei Kaufleuten der Hanse, die ja in England intensiv Handel betrieben, schadlos zu halten, als den äußerst mobilen und schlagkräftigen, noch dazu wahrscheinlich nur schwer zu identifizierenden Truppen der Vitalienbrüder hinterherzujagen. Wie sollte sich zudem ein Engländer in den feinen Unterschieden zwischen Hanse, Wismar und Rostock auskennen? »Hansische« Schiffe gab es ja nicht, es gab nur Schiffe aus Lübeck, Hamburg, Rostock oder Wismar z. B., eben aus Städten, die der Gemeinschaft der Hanse angehörten. Da die Hanse aber nie eine Form von Staatlichkeit erreichte, die sie als einheitlichen Städtebund hätte auftreten lassen, und die Sonderinteressen ihrer Mitglieder immer eine genauso große, wenn nicht gar größere Rolle spielten als das Gesamtinteresse der Hanse, kam es durchaus häufiger vor, daß einzelne Städte oder Gruppen innerhalb der Hanse eine völlig selbständige, manchmal auch gegen die Interessen der Gemeinschaft im Ganzen gerichtete Politik trieben.

Und dieser Fall war im seit 1389 entbrannten Konflikt in der Ostsee eingetreten. Wismar und Rostock unterstützten die mecklenburgische Machtpolitik, ohne diese mit der Hanse abzustimmen, ja ohne Rücksicht auf die Interessen der Hanse nehmen zu können. Allerdings scheint der Überfall auf Bergen die Deutsche Brücke verschont zu haben, da die hansischen Quellen keine Klage über Verluste ihrer Kaufleute in Bergen enthalten und auch die englischen und isländischen Schriftquellen nichts darüber berichten. Ganz eindeutig ist diese Frage aber nicht zu klären, da der lübische Chronist Hermann Korner, der sich in der Regel stark an die ältere lübische Detmar-Chronik anlehnt, in einem Zusatz zu der Eintragung über die Eroberung Bergens durch die Vitalienbrüder bzw. die Piraten berichtet, daß die Angreifer die Kaufleute in Bergen, mit denen in diesem Fall vermutlich die deutschen Kaufleute gemeint sind, gerne verschont hätten, wenn sie neutral geblieben wären. Aber weil sie den Bürgern von Bergen zu Hilfe kommen wollten, wurden auch sie geschädigt.[71] Sehr schwer können die Verluste der Kaufleute der Deutschen Brücke in Bergen jedoch nicht gewesen sein, sonst wäre darüber sicher etwas in den hansischen Akten vermerkt. Möglicherweise entspringt dieser Zusatz auch der Erfindung des Chronisten Hermann Korner, was kein Einzelfall wäre.

Über die Situation in Bergen vermittelt diese Eintragung dennoch interessante Einblicke. Daß die Vitalienbrüder eigentlich vorhatten, die deutschen Kaufleute zu schonen, und sie sich mit ihnen eher widerwillig anlegten, mußte bei den Engländern den Eindruck noch verstärken, demzufolge die Angreifer in Kreisen der Hanse zu suchen sein würden. Die deutschen Kaufleute und Handwerker machten etwa 2000 der gut 6000 Einwohner Bergens aus und unterhielten zu den einheimischen Bürgern trotz gelegentlicher unerfreulicher Vorkommnisse ein entspanntes Verhältnis. Der Überfall der Vitalienbrüder war dazu angetan, dieses gute Verhältnis nachhaltig zu stören und damit die Bedingungen für einen reibungslos funktionierenden Wirtschaftsverkehr zu verschlechtern. Es ist von daher nicht unwahrscheinlich, daß die Deutschen in Bergen ihren Unmut über den Überfall offen äußerten – ohne damit allzuviel zu riskieren. Denn die Angreifer ihrerseits werden alles vermieden haben, was dem Hansekontor hätte Schaden zufügen können. Die Führer der Vitalienbrüder wußten, daß ein Angriff auf die Deutsche Brücke eine Aktion der Hanse gegen die Mecklenburger nach sich gezogen und die Hanse möglicherweise als Bündnispartner an die Seite Königin Margaretes gebracht hätte.

Über die Größe der Vitalienbrüderflotte kann aus den verschiedenen Schriftquellen einiges entnommen werden. Mit 900 Schützen auf 18 Schiffen kamen die Angreifer über See. Auf jedem Schiff befanden sich demnach 50 Bewaffnete, was ein bißchen hoch gegriffen erscheint, da in dieser Zeit die Schiffe, zumeist noch Koggen, im Kriegsfalle in der Regel neben 100 Mann Besatzung 20 Schützen beförderten.[72] Auch eine Streitmacht von rund 400 Mann hätte Bergen in einem Angriff, der wahrscheinlich völlig überraschend erfolgte, nehmen können.

Kann man hier überhaupt von einem Angriff der »Vitalienbrüder« sprechen, wo doch die Führer offensichtlich Repräsentanten des hohen mecklenburgischen Adels waren und die Truppen aus den mecklenburgischen Städten Rostock und Wismar stammten? Es scheint so, als ob die Plünderung Bergens in der deutschen Geschichtsschreibung vor allem deshalb den Vitalienbrüdern angelastet wurde, weil die lübischen Chroniken des Detmar und des Hermann Korner und die darauf aufbauenden Chroniken des 16. Jahrhunderts sich in dieser Frage eindeutig äußern. Die englischen und isländischen Quellen vertreten hier eine etwas andere Ansicht, indem sie Teile der Hanse als Urheber des Angriffs auf Bergen ausmachen. Beide Versionen müssen vor dem Hintergrund gesehen werden, daß die Chronisten des 15./16. Jahrhunderts nicht als Historiker im modernen Sinne verstanden werden können. Ihre historische Berichterstattung ist viel stärker von den eigenen und den Intentionen ihrer Auftraggeber beeinflußt. D.h. man muß grundsätzlich sehr vorsichtig mit den erzählenden Quellen dieser Zeit umgehen und mehr noch als sonst parallele Überlieferungen zu Rate ziehen.

Die Quellenkritik nun kann in diesem Fall nur zu dem Schluß kommen, daß *beide* Quellengruppen in der Frage der Urheber der Bergener Plünderung – bewußt – falsch liegen. Die deutschen Chronisten versuchten mit ihrer Version den außerhalb der Rechtsnormen stehenden Vitalienbrüdern den Überfall anzulasten, um allen Verdacht von der Hanse zu nehmen. Als sehr ehrenhaft wird man auch zu der Zeit, als diese Chroniken geschrieben wurden, den Überfall auf eine unvorbereitete, friedliche Handelsstadt nicht angesehen haben, weshalb es für die lübischen Chronisten wohl auf der Hand lag, die räuberischen Horden der Vitalienbrüder als »Übeltäter« auszumachen. In den englischen Klageakten kam es dagegen vor allem darauf an, die Schäden und Verluste, die englischen Kaufleuten beim Überfall auf Bergen zugefügt wurden, festzuhalten und den zu benennen, den man wegen dieser Schäden am leichtesten belangen konnte, und das war in diesem Fall die Hanse. Die entscheidenden Hinweise aber kommen aus den isländischen Flatøannaler, in denen die Anführer der angreifenden Truppen genannt werden: Weil es sich dabei um mecklenburgische Fürsten handelte, ist diese Aktion in den dänisch-mecklenburgischen Krieg einzuordnen. Wer die Bewaffneten waren, die von Maekingborg und Enis geführt wurden, ist den Quellen nicht zu entnehmen und daher nicht mehr festzustellen. Natürlich werden an diesem Kriegszug Vitalienbrüder – Männer also, die in jenen Jahren ausschließlich von Kaperei und Seeraub lebten – als Kriegshelfer teilgenommen haben. Wären jedoch die Vitalienbrüder eigenständig an dieser Aktion beteiligt gewesen, dann hätten sie auch namhafte eigene Hauptleute gestellt. Gerade in dieser Zeit, um 1392/93, ist es ausgesprochen schwierig, in dem Hin und Her kriegerischer Ereignisse ein deutliches Profil der Vitalienbrüder zu erkennen. Das spätere unzweifelhafte Vorhandensein dieser disparaten Gruppe hat die Chronisten wohl verführt, sie bereits in dieser Zeit als außerordentlich aktiv darzustellen. Hinzu kommt, daß die Hanse bei der Feststellung eigener Verluste in der Ostsee auf den Hansetagen sich – zumindest in der schriftlichen Überlieferung – nicht die Mühe gab, die Kaperer näher zu benennen, sondern sie schlicht und einfach »serovere« nannte. Auch für die kriegführenden mecklenburgischen Fürsten war es sehr bequem und taktisch geschickt, die Verantwortung für die Schädigungen Dritter den unkontrollierbaren Vitalienbrüdern zuzuschieben. Es ist auch nicht zu leugnen, daß es bereits in diesen Jahren eine viele hundert Köpfe umfassende Gruppe von Gestrandeten, Entwurzelten, Abenteuerlustigen und verarmten Adligen gab, die von der Öffnung der Häfen in Rostock und Wismar angelockt wurden und nun die Möglichkeit sahen, an eine lukrative Einnahmequelle zu kommen, nämlich die Kaperei. Aber inwieweit sie unter selbständiger Führung in der Ostsee operierten oder sich dem Befehl mecklenburgischer Fürsten unterstellten und damit zu Söldnern zur See wurden ohne eigene Befehlsgewalt, läßt sich eben in dieser Zeit, in der der Angriff auf Bergen erfolgte, nur sehr schwer feststellen.

Die Hauptleute der Vitalienbrüder

Obwohl die Vitalienbrüder in den Jahren 1391 bis 1395 oft unter der Führung hoher mecklenburgischer Adliger standen und wahrscheinlich auch zusammen mit regulären mecklenburgischen Truppen eingesetzt wurden – der Unterschied zwischen diesen beiden Gruppen wird wohl fließend und in dieser Zeit kaum kenntlich gewesen sein –, werden die Konturen einer im Laufe der Jahre sich immer stärker heraushebenden Schar von auf eigene Rechnung ausfahrenden Kaperern sichtbar, eben die der Vitalienbrüder. Nicht zuletzt hilft uns in diesem Fall die Nennung von Vitalienbrüderhauptleuten in den Quellen weiter. Und es ist eine ganze Reihe von »capitanei« der »fratres victualium«, also Hauptleute der Vitalienbrüder, überliefert. Klaus Störtebeker und Godeke Michels werden noch nicht genannt, gehören demnach nicht zu den Seeräuberhauptleuten der »ersten Generation«.

Am häufigsten werden in den Quellen Arnd Stuke und Nikolaus Milies als Anführer genannt. Sie waren auch maßgeblich an der Gefangennahme des Bischof Thorde von Strengnäs auf der Fahrt zu den Verhandlungen von Vordingborg im Jahr 1392 beteiligt.[73] Arnd Stuke stammte aus einem bei Schwerin ansässigen mecklenburgischen Adelsgeschlecht. Im Rahmen der Kriegszüge der Stadt Lübeck gegen adlige Landfriedensbrecher in Mecklenburg waren in der Mitte des 14. Jahrhunderts eine ganze Reihe von Burgen zerstört worden, u. a. auch im Jahr 1349 die Burg Kützin bei Camin in der Nähe von Wittenburg, auf der die Stukes ihren Sitz hatten.[74] Bereits 1380 ist Arnd Stuke als Seeräuberhauptmann an der livländischen Küste nachweisbar. Ab 1392 taucht er als einer der führenden Köpfe der Vitalienbrüder auf. Nikolaus Milies, neben Arnd Stuke offenbar wichtigster Hauptmann der Vitalienbrüder in jenen Jahren, ist schwieriger einzuordnen. Nach einer Urkunde des Jahres 1392 stammte er aus dem Ratzeburger Stift. Es könnte sein, daß es sich bei der Familie Milies um ein Hildesheimer Geschlecht handelt.

Die Mehrzahl der in den Quellen genannten Vitalienbrüderhauptleute zwischen 1392 und 1394 entstammt niederen mecklenburgischen Adelsgeschlechtern.[75] Dennoch lassen die Namen der Hauptleute von der Herkunft her eine recht breite Streuung erkennen. Als Beispiele seien folgende Namen angeführt[76]: Bernevur, ein bereits um 1500 ausgestorbenes mecklenburgisches Adelsgeschlecht; Beydenstorp, »ein rittermäßiges, nie sehr ausgebreitetes und nicht oft genanntes Geschlecht«; Crekauwe, »ein altadeliges, im 13. und 14. Jahrhundert in der Altmark ansässiges, auch um diese Zeit im Lande Jerichow begütertes Geschlecht, wo sein Stammsitz vielleicht das mit der Stadt Genthin vereinigte Dorf Krackow war. In der Altmark lagen seine Güter namentlich in der Gegend von Salzwedel. Im Jahre 1358 treffen wir zwei aus dem Geschlecht Krackow als Kriegsmannen Herzog Albrechts von Mecklenburg«; Crabbe, »der Name mehrerer weit verbreiteter dänischer Adelsgeschlechter«. Es gibt Hinweise darauf, daß einige Vitalienbrüder aus dem Visbyer Bettelorden stammten, etwa Ketelhoet und Kaetilö. Interessant ist, was Cordsen über die Namen Schutke und Kalende herausfand:

»Heyno u. Olav Schutke (Schutte), wohl nicht aus dem mecklenburgischen Adelsgeschlecht der Schosse, Schotze oder Schutze, sondern aus einer Familie Schutte mit dreizinkiger Gabel im Wappen. 1359 haben zwei Schutte, Heino und Otto, ebenso 1358 Detlef und Nikolaus mit einem Seedorp u. a. einen Raubzug ins Ratzenburgische unternommen. Vielleicht ist der in Wisby bestattete Johannes Schutte ein Verwandter des hier erwähnten Heyno. Ein Henneke Scutte wird 1379 als Straßenräuber genannt, ein gleichnamiger ist ebenso wie andere des Namens (...) bei Räubereien in der Wismarschen Gegend 1391 und 1392 beteiligt, doch ist es zweifelhaft, ob es sich bei diesen um Glieder eines adligen Geschlechtes handelt. ...

Bosse van dem Kalende (...) gehört dem um die Mitte des 18. Jahrhunderts erloschenen, aus Alt-Kalen stammenden, besonders zu Rey begüterten Geschlecht an. Bosse, ein Kosename für Burchard, stammt aus der Finkenthaler Linie; sein Vater ist Hermann auf Finkenthal. Am 4. November 1387 verkaufte Bosse 2 Hufen an das Kloster Dargun; am 19. September 1392 erteilte der Herzog Johann der jüngere von Meklenburg dem

›Busse v. d. Kalande‹, seinem treuen Diener, die Freiheit, das halbe Gut Stove, das seine Ehefrau geerbt, nach seinem Belieben zu verpfänden und zu verkaufen, und am 2. Oktober 1392 bezeugt Herzog Johann, daß Sigrit, ›Bosse von dem Kalends Weib‹, vor ihm ihr väterliches Erbe aufgelassen habe. Aus allen diesen Veräußerungen geht hervor, daß Bosse v. Kaland zu besonderen Unternehmungen Geld gebrauchte, aufnahm und sogar seine Frau ihr Erbteil verpfänden mußte; er scheint bei diesen Verpfändungen schon außer Landes gewesen zu sein. Seine Ehefrau wird ihm später gefolgt sein, denn beide liegen in Wisby auf Gotland begraben. Der bei Lindström erwähnte Grabstein darf wohl mit Sicherheit als derjenige Bosses bezeichnet werden.«[77]

Die Frage, warum Bosse van dem Kalende einen großen Teil seines Besitzes, vielleicht sogar alles, Anfang der 90er Jahre des 14. Jahrhunderts verkauft hat, ist natürlich von ganz entscheidender Bedeutung für die Seeräuberproblematik. Waren die agrarwirtschaftlichen Einnahmen Bosses so stark zurückgegangen, daß er Land verkaufen mußte, um existieren zu können, oder brauchte er, wie Cordsen vermutet, Geld für »besondere Unternehmungen«? Auch wenn *ein* Beispiel für sehr weit reichende und verallgemeinernde Schlußfolgerungen natürlich nicht ausreicht, könnte in diesem Fall des Bosse van dem Kalende der Schlüssel für das Verständnis der Entstehung der Vitalienbrüder aus dem Umfeld des niederen mecklenburgischen Adels liegen. Die Einnahmen des fast ausschließlich von den Erträgen der Landwirtschaft lebenden niederen Adels mußten in der permanenten Agrarkrise des späten Mittelalters zwangsläufig stark zurückgehen. Die bereits angesprochene »infausta paupertas«, unglückliche Armut, trieb diese Adligen zu Raub und Verbrechen, zumindest jedoch zur Anwendung von Gewalt – ein Geschäft, das die meisten von ihnen beherrschten, da sie über Waffen und Leute und häufig auch militärische Erfahrung verfügten, die sie sich im Kriegsdienst für ihre Herren angeeignet hatten. Für die mecklenburgischen Adligen eröffnete der Dauerkonflikt zwischen dem Haus Mecklenburg und Dänemark offenbar die große Möglichkeit neuer Einnahmequellen, nämlich durch die Teilnahme am Kaperkrieg. Von nicht zu unterschätzendem Vorteil war hierbei, daß dieser Kaperkrieg ja lange einen beinahe legalen Anstrich hatte, da er als Kriegshilfe für die Mecklenburger Herzöge verstanden werden konnte. Auf jeden Fall war die Anbindung an die Landesherrschaft in Mecklenburg gegeben, was sich in konkreter Hilfe, etwa der Öffnung der mecklenburgischen Häfen äußerte.

Aber Cordsen hat mit seiner Interpretation, Bosse van dem Kalende würde das Geld aus den Verkäufen seiner Besitzungen für »besondere Unternehmungen« benötigen, durchaus auch recht. Denn die Teilnahme am Kaperkrieg erforderte zunächst hohe Investitionen. Woher sollten die Schiffe, die Ausrüstung, die Waffen und auch die Mannschaften kommen? Die Vitalienbrüder waren eigene Unternehmer, sie mußten alles in den Krieg miteinbringen, was zum Kriegführen nötig war. Da die Aufwendungen für das Führen eines Kaperkrieges sehr hoch waren, kamen als Hauptleute der Vitalienbrüder völlig Besitzlose nicht infrage, es sei denn, sie zeichneten sich durch ganz besonderes Geschick beim Kriegführen aus. Das erklärt auch, warum so viele mecklenburgische Adlige unter den führenden Köpfen der Vitalienbrüder zu finden sind. Einerseits trieb sie die materielle Not und Ausweglosigkeit zur Teilnahme am Kaperkrieg, andererseits hatten viele von ihnen noch so viel Landbesitz, daß aus dessen Verkauf das notwendige »Startkapital« gewonnen werden konnte, um Schiffe, Ausrüstung und anderes zu kaufen.

Der Vergleich der Namen der zwischen 1392 und 1394 genannten Vitalienbrüder und der in den 80er Jahren des 14. Jahrhunderts tätigen Seeräuber in der Ostsee macht deutlich, daß ein starker personeller Wechsel stattgefunden hat. Nur eine Person, die bereits in den 80er Jahren, und zwar mehrfach, genannt wird, taucht unter den Seeräubern der 90er Jahre, also der Vitalienbrüder, wieder auf: Detlef Knut. Erstmalig wird er am 15. September 1381 in einem zwischen der Hanse und einer Gruppe von Seeräubern geschlossenen Friedensvertrag genannt.[78] Er galt offenbar als ein Seeräuber, der »nichts zu verlieren« hatte, also so gut wie unbemittelt war. Immerhin hat er sich mit der Seeräuberei nicht nur »über Wasser gehalten«, sondern es zehn Jahre später bis zu einem der Hauptleute der Vitalienbrüder gebracht. Ein weiterer Name, der in beiden Seeräubergruppen auftaucht, ist der Name Rantzow. Allerdings scheint es sich hier nicht um identische Personen, sondern lediglich um Angehörige einer Familie zu handeln, da der zu Beginn der 80er Jahre genannte Rantzow mit Vornamen Eler und der zu Beginn der 90er Jahre erscheinende Rantzow mit Vornamen Luder hieß. Das bekannte holsteinische Adelsgeschlecht Rantzau hat innerhalb der Familie offenbar eine gewisse Seeräubertradition ausgebildet. Eler Rantzow war übrigens zu den armen Seeräubern gezählt worden.

Dennoch überrascht es ein wenig, daß es zwischen den beiden Seeräubergruppen der 80er und der 90er Jahre des 14. Jahrhunderts so gut wie keine personelle Kontinuität gab, obwohl sie nur um etwa ein Jahrzehnt auseinanderliegen. Aber es muß bedacht werden, daß es ja etwa ab 1385 kaum noch seeräuberische Aktivitäten in der Ostsee gab, so daß sich die Seeräuber nach anderen Einnahmequellen umsehen mußten. Möglicherweise hatten sie ihre Aktivitäten aufs Land verlagert und trieben nun Straßenraub, andere hatten sich vielleicht mit dem eingenommenen Geld eine neue, weniger gefährliche Existenz aufgebaut, wieder andere waren wahrscheinlich in der Zwischenzeit gestorben oder auf einem Raubzug ums Leben gekommen. Seeräuberkarrieren werden in der Regel nicht von langer Dauer gewesen und auch kaum vom Vater auf den Sohn übergegangen sein.

Auffällig ist weiterhin die regionale Streuung bei der Herkunft der Hauptleute. Auch wenn der Kern der »capitanei« sich aus dem niederen mecklenburgischen Adel zusammensetzte, ist doch zu bemerken, daß mindestens ein dänischer Adliger wie auch möglicherweise zwei Bettelmönche aus Visby in dieser Zeit unter den Hauptleuten waren und ein Hauptmann aus Holstein, ein anderer aus dem niedersächsischen Hildesheim stammte. Die Bettelmönche haben wohl kaum ein größeres Vermögen in die Unternehmungen der Vitalienbrüder mit einbringen können und müssen daher als Ausnahme von der Regel gelten, nach der ein gewisses Kapital notwendig war, um Anführer der Vitalienbrüder zu werden.

VIERTES KAPITEL

Vor dem Friedensschluß von Skanör und Falsterbo (1394/95)

Die wirtschaftlichen Folgen des Krieges zwischen Mecklenburg und Dänemark

Tatsächlich führten die Aktivitäten der Vitalienbrüder im Rahmen des Krieges zwischen Mecklenburg und Dänemark in den Jahren 1393 und 1394 zu einer fast völligen Einstellung der Handelsschiffahrt auf der Ostsee, unter der natürlich besonders die Hanse zu leiden hatte, die sich nun aufgerufen sah, sich energischer um die Beilegung dieses lähmenden Konfliktes zu bemühen. Der Chronist Reimar Kock vermerkt zum Jahr 1393 folgendes: »Anno 1393 finde ich nicht, daß die Stadt Lübeck mit Fehde oder anderem Unglück beladen war, außer daß die tapferen Vitalienbrüder die See beherrschten und jedem Schaden zufügten, weshalb zu Lübeck die gesamte Schiffahrt ruhte, was für die Bürger kein geringer Schade war.«[79]

Vor allem Getreide und Fisch wurden teurer, und zwar fast überall in Deutschland. Besonders Fisch verteuerte sich durch die stark zurückgehenden Heringsfangquoten in der Ostsee um das Vier- bis Fünffache. Bereits 1391 stellte man im Ordensland Preußen eine Verminderung des Angebots an Fisch fest. 1395 litt man in Magdeburg, der Magdeburger Schöppenchronik zufolge, bereits seit vier Jahren unter den Folgen des Krieges in der Ostsee, vor allem unter steigenden Nahrungsmittelpreisen. Sogar bis nach Limburg, im westlichen Mitteldeutschland, war, wie die Limburger Chronik berichtet, die Teuerung spürbar: Von im Durchschnitt acht Mark lübisch für die Last Heringe (1 896 kg) stieg der Preis auf 81 Mark lübisch.[80]

In Lübeck selbst kam es im Jahr 1392 zur drastischen Verteuerung des Herings. Der Chronist Detmar vermerkt dazu: »So bedrohten sie (die Vitalienbrüder) leider die ganze See und alle Kaufleute, und beraubten beide, Freund und Feind, so daß die schonische Reise für wohl drei Jahre darniederlag. Darum war in den Jahren der Hering viel teurer.«[81] Die schonischen Messen mit ihrem Heringsangebot waren gerade für Lübeck von überragender ökonomischer Bedeutung, was schon daran ablesbar ist, daß unter den Lübecker Kaufmannsvereinigungen die der Schonenfahrer die älteste und angesehenste war.[82] Auf einer südwestlichen Halbinsel Schonens entwickelten sich seit der Mitte des 12. Jahrhunderts die »Märkte von Schonen« um die Orte Falsterbo im Süden und Skanör im Norden herum.[83] Sie erlebten am Ende des 14. Jahrhunderts ihre Blütezeit, verloren im 15. und 16. Jahrhundert an Bedeutung und mußten in der ersten Hälfte des 17. Jahrhunderts aufgegeben werden. Auf ihrem Höhepunkt setzten die schonischen Messen in einem Jahr 200 000 bis 300 000 Tonnen Hering um, von denen ein Viertel bis ein Drittel nach Lübeck ging.[84] Die Lübecker Kaufleute brachten ihrerseits beträchtliche Mengen Salz auf diese Messen, da es in Dänemark kaum Salzvorkommen gab. Das Salz wurde vor allem dazu gebraucht, den Hering haltbar zu machen. Jedes Jahr von Ende Juli bis Ende Oktober, manchmal auch bis in den November hinein, fanden diese Messen statt, weil in dieser Jahreszeit der Hering im Öresund gefangen wurde. Neben Hering und Salz wurden auf den schonischen Messen auch Textilien, Holz, Pelze, Wachs und Eisen von flämischen, holländischen, englischen, skandinavischen und deutschen Kaufleuten angeboten.

So sehr der hansische Handel, insbesondere der lübische, durch das Darniederliegen der schonischen Messen seit 1391 litt, noch härter traf dies die dänische Königin Margarete, da die Zolleinnahmen ausblieben, die dem dänischen Herrscher traditionell für die Gewährleistung von Schutz und Ordnung auf den Messen zuflossen und gerade am Ende des 14. Jahrhunderts von beträchtlicher Höhe waren. Die auch in Dänemark spürbare Teuerung und die sinkenden Staatseinnahmen sowie die unnachgiebige Haltung Mecklenburgs auf der einen Seite und das nun stärker werdende Drängen der Hanse auf eine Lösung des dänisch-mecklenburgischen Konfliktes auf der anderen Seite brachte Königin Margarete im Herbst 1393 an den Verhandlungstisch. Zuvor hatte aber die Hanse am 22. Juli 1393 auf einer Versammlung in Lübeck den hansischen Schonen- und Dänemarkhandel mit Hering für das ganze Jahr verboten, »bei Verlust von Ehre und Gut«.[85] Als Grund gaben die Hansestädte an, daß es »schlecht aussah mit der Seefahrt«, auf der der gemeine Kaufmann Schaden erlitt. Außerdem ließen die Hansestädte Königin Margarete durch einen Boten auffordern, Verhandlungen mit den Mecklenburgern aufzunehmen. D. h. die Hanse sah es primär nicht als ihre Aufgabe an, die Schiffahrt in der Ostsee auf militärische Art wieder sicherer zu machen, sondern die Rolle des Vermittlers zu übernehmen, um den allem Übel zugrundeliegenden Konflikt zwischen Dänemark und Mecklenburg zu beenden. »Plötzlich war die Hanse mobil geworden und versuchte nun gegen die mannigfachen Störungen ihres Handels Front zu machen. Sie hatte erkennen müssen, daß die Mecklenburger ihre Drohung, alle nach Skandinavien segelnden Schiffe zu kapern, wahr gemacht hatte. Jeglicher Handel war unmöglich geworden. Endlich hatten die Städte eingesehen, daß es höchste Zeit war handelnd in die Ereignisse einzugreifen.«[86]

Am 29. September 1393 begannen die Friedensverhandlungen zwischen Dänemark und Mecklenburg in Skanör und Falsterbo, also auf Schonen. Von den Hansestädten waren Lübeck, Thorn, Danzig, Stralsund, Kampen, Greifswald und Stettin vertreten. Als Verhandlungsführer der Hanse haben zweifellos die Ratsgesandten Lübecks, Hinrik Westhoff und Gerhard van Attendorp, zu gelten, die auch als erste in der Urkunde genannt werden. Zu einem Ergebnis kam man bei diesem Treffen noch nicht. Alles scheiterte an der Frage, wie der noch immer von Margarete gefangengehaltene König Albrecht in diese Verhandlungen einbezogen werden sollte. Der Vorschlag der Hanse hieß, Albrecht für die Dauer der Verhandlungen – man ging von zwei bis drei Jahren aus – freizulassen und das noch immer von den Mecklenburgern gehaltene Stockholm unter eine neutrale Verwaltung zu stellen. Sollten die Verhandlungen zwischen Albrecht und Margarete scheitern und Albrecht sich nicht wieder in die Gefangenschaft der dänischen Königin begeben, würde Stockholm ihr übereignet werden: Stockholm also als Faustpfand und, wie es schien, größter Trumpf der Mecklenburger. Die Königin von Dänemark, eine hervorragende Taktikerin, erkannte nun genau ihre »Achillesferse« und war offenbar entschlossen, die Verhandlungen unter diesen Bedingungen nicht zu einem konkreten Ergebnis kommen zu lassen und für die nächste Verhandlungsrunde eine entscheidend bessere Verhandlungsgrundlage zu schaffen. Sie ging daher nur scheinbar auf den Vorschlag der Hanse ein, bat aber um Aussetzung eines neuen Verhandlungstages, da sie sich mit ihrem Reichsrat noch beraten müsse. Beim nächsten Treffen, im März 1394 in Lübeck, ließ sich Margarete entschuldigen. Ihr Entschluß stand bei den Verhandlungen in Skanör und Falsterbo bereits fest: Erst mußte Stockholm erobert werden, dann konnte man weiter verhandeln.

Eine Kriegslist der Vitalienbrüder

Tatsächlich begann Königin Margarete, kaum von den Verhandlungen in Schonen zurückgekehrt, mit einer Großoffensive auf Stockholm. Der Beschuß der Stadt und ihre Aushungerung im strengen nordischen Winter hätte Stockholm sicher zur Aufgabe gezwungen, wenn es den Mecklenburgern nicht gelungen wäre, einen Verband mit acht großen Schiffen, beladen mit Proviant und Truppen, erfolgreich der bedrängten Stadt zu Hilfe zu schicken. Diese Expedition hat ähnlich wie der Angriff auf Bergen 1393 das Bild von den Vitalienbrüdern geprägt und bereits recht früh einen Mythos herausgebildet, der diese Gruppe als verwegen, verschlagen und erbarmungslos erscheinen läßt. An der Legende um die Vitalienbrüder haben schon die Chronisten des 15. und 16. Jahrhunderts gewoben, wie der ausführliche Bericht des Reimar Kock über folgenden Vorfall zeigt, der sich auf der Fahrt der acht mecklenburgischen Schiffe nach Stockholm zu Beginn des Jahres 1394 ereignet haben soll:

»Anno 1394 im Winter ... drang zu den Fürsten von Mecklenburg die Nachricht, daß Stockholm hart von den Dänen bedrängt wurde und die Bürger großen Hunger litten, und sie, wenn sie nicht schnell entsetzt würden, aus Not die Stadt übergeben müßten. Um diesem zuvorzukommen, wurden in der wismarschen Tiefe acht große Schiffe ausgerüstet; diese wurden mit Korn, Malz und anderen Lebensmitteln beladen und mit kühnen Helden besetzt, die den Holm befreien sollten. Es war aber mitten im Winter, als diese Schiffe ausliefen, und sie hatten auch einen Hauptmann mit Namen Meister Hugo; die Dänen hatten auch einen Haufen Schiffe in der See wegen der Vitalienbrüder und anderer, die das Reich schädigen wollten.

Es begab sich, daß plötzlich ein ganz starker Frost aufkam und die Schiffe in der See einfroren und sich nicht mehr bewegen konnten. Als nun der wismarsche Hauptmann sah, daß der Frost dermaßen überhand nahm, sprach er zu den anderen Seeleuten und zu den Kriegern: liebe Gesellen, ihr seht, daß wir hier im Eis eingeschlossen liegen, und wir dürfen nicht darauf vertrauen, daß es bald ein anderes Wetter gibt; auch wißt ihr, daß die Dänen ebenfalls Schiffe in die See gelegt haben; so wißt ihr gewiß, wenn dieser Frost bleibt, so werden sie uns anfallen und sich an uns versuchen, denn sie haben einen großen Vorteil, indem sie aus ihrem Land so viel zur Verstärkung holen können, wie sie wollen. Deshalb ist es besser, wenn wir vorher etwas unternehmen. Wollt ihr nun meinen Rat hören, so sollten wir die Schiffe so befestigen, daß wir sie gegen die Dänen wohl halten können, obwohl dies Arbeit kostet. Dennoch, da uns der Fuß kalt ist, so ist es besser, daß wir nun etwas zu tun haben, als sich sonst totzufrieren. Seht da, sprach er, an dem Land steht viel Holz, da werden wir jetzt Leute hinschikken, die sollen lange und große Bäume und Holz hauen, und auf dem Eis ist es leicht, sie an die Schiffe heranzuziehen, während wir sie auf beiden Seiten der Schiffe hinlegen und mit Wasser begießen, was sehr bald zufrieren wird und unseren Schiffen einen Wall und ein Bollwerk geben wird; laßt dann die Dänen nur kommen, wir wollen sie wohl erwarten!

Dieser Rat gefiel den anderen gut, und sie holten die Bäume und legten sie neben die Schiffe und begossen sie mit Wasser, und sie wurden zu einem gläsernen Wall. Diese Arbeit war kaum vollbracht, da kamen die Dänen zahlreich über das Eis und meinten, die Schiffe erobern zu können; aber obgleich wohl vier Dänen auf einen Wismarer kamen, mußten sie doch mit großen Verlusten davonziehen und die Schiffe liegen lassen. Dies verdroß die Dänen über die Maßen, weshalb sie über Wege nachdachten, wie man den Schiffen Schaden zufügen könne. Inzwischen hatten sie eingesehen, daß sie wegen der Balkenwerke nichts gegen die Schiffe ausrichten konnten, so daß sie Kriegsgerät einsetzen wollten, das man ›Katze‹ nannte, und liefen in das Holz, in dem die Wismarer die Bäume gehauen hatten. Der Hauptmann der Wismarer, Meister Hugo, erkannte ihre Absicht und ließ in der Nacht um die Schiffe herum große Löcher hauen und die Eisschollen zerschlagen. Nicht lange danach kamen die Dänen mit ihren Truppen und merkten nicht, daß die Wismarer das Eis aufgeschlagen hatten, da etwas davon wieder zugefroren war, und kamen mit großem Ungestüm und großer Hast und meinten nun, die Schiffe nehmen zu können, denn es verdroß sie, daß sie vorher schändlich hatten zurückweichen müssen. Aber es ist ein altes Sprichwort: große Hast führt nie zu einem guten Ende. So erging es in diesem Fall den Dänen auch, denn sie fielen haufenweise in das Wasser, und der eine zog den anderen mit sich, so daß viele hundert Dänen an dem Tag ertranken. Zu diesem Schaden kam auch noch großer Spott hinzu; als die armen Dänen ertranken, riefen die, die sich auf den wismarschen Schiffen befanden: Katz, Katz, Katz! Genauso pflegt man zu rufen, wenn man die Katzen jagt.

So behielten die Wismarer mit List und Gewalt ihre acht Schiffe und beteten, daß Gott ein anderes Wetter schicke und das Eis tauen möge; so fuhren sie zu dem Holm und befreiten die Stadt. Das mußten abermals die Dänen mit ansehen und erleiden, die den Holm belagerten.«[87]

Aus einer anderen Quelle wissen wir, daß diese Auseinandersetzung »auf der Furt von Dalerne« stattgefunden hatte. Es handelt sich dabei um den Ort Dalarö, nur wenige Kilometer südwestlich von Stockholm an der Küste gelegen. Die Fahrt der Vitalienbrüder wäre also ganz kurz vor Erreichen des Ziels fast gescheitert.

Tatsächlich scheint es noch eine schwere Seeschlacht vor den Toren Stockholms gegeben zu haben, bis es der mecklenburgischen Flotte gelang, den Hafen der Stadt zu erreichen. Die Geschichte, die Reimar Kock erzählt, ist, daran besteht kein Zweifel, legendenhaft überhöht. Gewiß war es ein abenteuerliches und gewagtes Unterfangen, mitten im Winter mit acht großen Schiffen von Wismar nach Stockholm zu fahren, um der Stadt zu Hilfe zu kommen. Dem Ausgang dieses Unternehmens kam entscheidende Bedeutung für den weiteren Verlauf des mecklenburgisch-dänischen Konfliktes zu. Zudem waren wohl eine Reihe Vitalienbrüder mit an Bord. Ob der Befehlshaber, Meister Hugo, zu ihnen gehörte oder nicht, ist kaum zu klären. Aber auch in diesem Fall gilt, daß eine Trennung in reguläre mecklenburgische Truppen und in Vitalienbrüder vor 1395 eigentlich nicht vorgenommen werden kann. Der Mecklenburger Herzog

Johann II. stützte sich in dem nordischen Krieg zwischen 1389 und 1395 zu Wasser auf die Vitalienbrüder wie auf eigene Truppen.

Es waren also im Falle der Fahrt nach Stockholm alle Voraussetzungen zur Legendenbildung erfüllt.

Klaus Störtebeker und Godeke Michels werden erstmals genannt

Wo waren Klaus Störtebeker und Godeke Michels, als die acht wismarschen Schiffe nach Stockholm fuhren? Zu Beginn des Jahres 1394 finden wir die beiden nicht unter den Hauptleuten der Vitalienbrüder. Da die Mannschaften der Vitalienbrüder nie namentlich genannt werden, können wir auch nicht feststellen, von welchem Zeitpunkt an sie dazugehörten. Zu den Hauptleuten der »ersten Generation« haben sie, wie schon erwähnt, mit Sicherheit nicht gehört, was dafür spricht, daß es sich bei diesen beiden nicht um grundbesitzende Adlige handelte, die ähnlich wie Bosse van dem Kalende durch den Verkauf von Ländereien zur Finanzierung der Unternehmungen der Vitalienbrüder etwas beitragen konnten. Es erscheint eher wahrscheinlich, daß sie sich durch Können, Mut und Führungsqualitäten im Laufe der Zeit zu Hauptleuten der Vitalienbrüder entwickelten.

Eine Möglichkeit, solche Fähigkeiten unter Beweis zu stellen, wäre zweifellos die Fahrt nach Stockholm gewesen. Auch wenn uns nur der Leiter dieser Unternehmung, Meister Hugo, und das Abenteuer auf dem Eis überliefert ist, hat es sicher auch für Mitglieder der Mannschaft Gelegenheit gegeben sich auszuzeichnen. Vielleicht befehligten Störtebeker und Michels bereits zwei Schiffe auf dieser Fahrt. Natürlich ist dies nur eine Vermutung, die nie zu beweisen sein wird. Aber einiges spricht dafür, daß die beiden Teilnehmer der Fahrt nach Stockholm waren, in welcher Funktion auch immer. Die acht Schiffe wurden in Wismar ausgerüstet und fuhren auch von dort ab. Aus Wismar aber stammten mit hoher Wahrscheinlichkeit Störtebeker und Michels, und dort werden sie sich auch in diesen Jahren aufgehalten haben, da Wismar neben Rostock sozusagen der

»Heimathafen« der Vitalienbrüder war. Im Winter ruhte normalerweise die Schiffahrt auf der Ostsee, so daß die Seeleute die kältesten Wochen an Land verbrachten. So wäre es nur plausibel, wenn Störtebeker und Michels sich zu Beginn des Jahres 1394 in Wismar aufgehalten hätten. Für die schwierige Fahrt nach Stockholm, die ja eilig vorbereitet werden mußte, suchte Meister Hugo mit Sicherheit die besten Männer aus, die er finden konnte. Da für Johann II. das Gelingen dieser Expedition von größter Bedeutung war, wird er auch nicht mit materiellen Anreizen gegeizt haben, um Gefolgsleute zu gewinnen.

Erst gegen Ende 1394 werden Störtebeker und Michels erstmals schriftlich als Hauptleute der Vitalienbrüder aufgeführt. Könnte ihre Bewährung auf der Fahrt nach Stockholm nicht die Voraussetzung für diesen Aufstieg gewesen sein? Auf jeden Fall müssen sie bereits zu Beginn des Jahres 1394 zu den besten Leuten unter den Vitalienbrüdern gehört haben, da sonst ihre kurz darauf beglaubigte Position nicht erklärlich wäre.

Die Erwähnung Klaus Störtebekers und Godeke Michels' als Hauptleute der Vitalienbrüder ist in einer englischen Klageakte über Schädigungen der eigenen Kaufleute durch, wie die Engländer meinten, hansische Kaperer enthalten. Die Verhandlungen über Ausgleichszahlungen für durch Kaperungen entstandenen Schaden zwischen dem englischen König Heinrich IV. und den Hansestädten Lübeck, Bremen, Hamburg, Stralsund und Greifswald fanden am 15. Dezember 1405 in Dordrecht statt[88], und zu diesen Verhandlungen legten die Unterhändler des Königs ihre Aufstellung über die durch hansische Kaperer verursachten Verluste vor.[89] Man einigte sich darauf, für ein Jahr und sieben Monate friedlich miteinander umzugehen und weitere Verhandlungen in dieser Sache zu führen. In der englischen Klageakte findet sich folgende Eintragung: »Item, in the yeere 1394 one Goddekin Mighel, Clays Scheld, Storbiker and others tooke out of a ship of Elbing.« D.h. im Jahr 1394 kaperten Godeke Michels, Klaus Scheld, Störtebeker und andere ein Schiff aus Elbing. Vermutlich befanden sich auf dem preußischen Schiff Waren eines englischen Kaufmanns, die auf dem Weg nach England waren. Für die erlittenen Verluste verlangte Heinrich IV. Entschädigung im Namen der beraubten Kaufleute. Wie bereits im Falle des Angriffs auf Bergen weigerten sich die Engländer durchaus nicht ganz ohne Erfolg, die Hanse aus ihrer Verantwortung für Kapereien der Vitalienbrüder oder, wie es meist heißt, der Leute von Wismar und Rostock, zu entlassen.

Wichtig ist, daß im Jahr 1394 Klaus Störtebeker und Godeke Michels zum erstenmal eindeutig als Hauptleute der Vitalienbrüder genannt werden. Auch in den kommenden Jahren reißen die Klagen der Engländer über Kapereien, an denen die beiden beteiligt waren, nicht ab. Die englische Akte »nennt als Anführer der Kaperer von 1394–99 unter Andern einmal Gödeke Michels und Klaus Scheld, fünfmal Gödeke Michels, Klaus Scheld und Störtebeker und neunmal Gödeke Michels und Störtebeker zusammen, ohne dabei des Mag. Wigbold und des Wichmann zu gedenken.«[90] Hier sind nur die Kaperungen erfaßt worden, von denen englische Kaufleute geschädigt worden sind, und diese möglicherweise noch nicht einmal vollständig. Vor diesem Hintergrund muß man doch feststellen, daß Störtebeker und Michels über eine Reihe von Jahren eine überaus starke Wirksamkeit entwickelt haben und sie zurecht erst in der Ostsee, später in der Nordsee als gefürchtete Seeräuber galten.

In der Geschichte der Vitalienbrüder scheint sich im Aufkommen Störtebekers und Michels' sowie anderer, bis dahin ebenfalls unbekannter Hauptleute eine neue Entwicklung anzukündigen. Diese neuen Hauptleute der Vitalienbrüder werden nicht mehr im Zusammenhang mit der mecklenburgischen Landesherrschaft genannt, sondern operierten offenbar autonom. Der sich schon geraume Zeit hinziehende Krieg zwischen Mecklenburg und Dänemark hatte, so scheint es, um 1393/94 herum die ursprünglich völlig heterogenen Vitalienbrüder zu einer eigenständigeren und unter eigener Führung stehenden Gemeinschaft werden lassen, deren Bindung an die mecklenburgische Landesherrschaft nur noch darin bestand, daß sie die Häfen der Mecklenburger benutzten. Natürlich war schon recht früh deutlich geworden, daß die Eröffnung des Kaperkriegs gegen Dänemark durch die Öffnung der mecklenburgischen Seehäfen für alle, die das Reich Dänemark schädigen wollten, eine Macht heraufbeschwor, die letztlich von niemandem mehr zu kontrollieren war. Dieses klingt schon in einem Brief Rostocks an Zutphen und die übrigen geldrischen Städte vom 1. August 1392 an, in dem sich die Stadt für die von ihr und Wismar ausgehenden Kaperungen damit entschuldigte, daß sie ihrem Herrn, König Albrecht, helfen müsse und nun die scharenweise zusammenströmenden, auf ihre eigene Rechnung ausfahrenden Leute nicht mehr im Griff hätte.[91]

Deutlich läßt sich erkennen, daß sich die Vitalienbrüder zwischen 1391 und 1395 aus zwei großen Gruppen zusammensetzten, zwischen denen der Übergang fließend und der Übertritt von der einen zur anderen Gruppe keine Seltenheit war. Die eine Gruppe wurde von den mecklenburgischen Herzögen als Verstärkung der regulären Truppen hinzugezogen, während die andere Gruppe, zunächst noch vorwiegend unter der Führung des mecklenburgischen Adels stehend, zunehmend auf eigene Rechnung und nach eigenem strategischen Plan ausfuhr. Diese Gruppe bildete »eine Welt für sich«. »Sie fanden lediglich mit der Devise ›pro rege Alberto‹ ein Richtziel für ihren Raub ... Entlegenste Orte bildeten den Hintergrund für die Tätigkeit dieser zweiten Gruppe.«[92] Die großen militärischen Operationen unterstanden dem Befehl der mecklenburgischen Herzöge, während die tägliche Störung der Handelsschiffahrt auf der Ostsee jener zweiten Gruppe von Vitalienbrüdern überlassen wurde. Für diese Vitalienbrüder war der Seeraub Broterwerb; politische Motive, das sollte auch die spätere Geschichte dieser Gruppe zeigen, spielten nur ganz vordergründig eine Rolle, weil die Allianz mit einer Territorialmacht notwendig war, um sich Ausgangs- und Fluchtpunkte für die Kaperfahrten zu verschaffen. Aus politischer Überzeugung handelten die Vitalienbrüder nicht.

Noch war allerdings der Krieg zwischen Mecklenburg und Dänemark im Gang, unter dessen Deckmantel alle anderen als die politischen Motive zugedeckt wurden. Eine Beendigung dieses Krieges, die kaum im Interesse der Vitalienbrüder lag, würde zeigen, inwieweit sie sich verselbständigt hatten und ob ihr Zusammenhalt und die Autorität ihrer Hauptleute stark genug waren, um die Existenz der Gruppe auch über den Krieg hinaus zu erhalten.

Die Annäherung zwischen Mecklenburg und Dänemark

Tatsächlich standen die Zeichen der Zeit nach dem mißglückten Versuch der dänischen Königin, Stockholm zu erobern, auf Annäherung und Ausgleich zwischen den Kriegsgegnern, da offenbar keine der beiden Parteien stark genug war, die andere zu besiegen. Außerdem entwickelten nun zwei Mächte, die sich bis 1393 eher passiv und abwartend verhalten hatten, tatkräftige Initiativen, um den Krieg, der allmählich fatale Folgen zeitigte, zu beenden: die Hanse und der Deutsche Orden. Für die Hanse war 1394 ganz offensichtlich die ökonomische »Schmerzgrenze« erreicht, und sie zeigte sich nun entschlossen, mit großem finanziellen Aufwand den Ostseehandel wieder in Schwung zu bringen. Der Deutsche Orden, in dessen Territorium die preußischen Städte lagen, die zu den vom Krieg am schwersten Betroffenen zählten, hätte eigentlich im Interesse seiner Städte schon längst etwas unternehmen müssen, war aber unter dem Hochmeister Konrad von Wallenrod, der sich nicht zu einer dynamischen Politik aufraffen konnte, dazu nicht in der Lage. Nach dessen überraschendem Tod am 25. Juli 1393 wurde Konrad von Jungingen am 30. November 1393 zum Hochmeister des Deutschen Ordens gewählt, der später eine aktive Rolle in dem dänisch-mecklenburgischen Konflikt spielen sollte, wobei sich deutlich eine mecklenburgfreundliche Haltung des neuen Hochmeisters erkennen läßt.[93]

Die Hanse suchte zunächst neuerliche Verhandlungen zwischen Dänemark und Mecklenburg zu vermitteln, woraus jedoch nichts wurde, weil Königin Margarete sich nicht in der Lage sah, den Tag in Lübeck zu besuchen. Stattdessen trafen sich Abgesandte Lübecks, Hamburgs und Stralsunds mit denen etlicher preußischer und livländischer Städte, dem Herzog Johann von Mecklenburg und Vertretern Wismars und Rostocks am 3. März 1394 in Lübeck.[94] Auf dieser Versammlung beklagten die preußischen Städte den furchtbaren Schaden, den der Krieg zwischen Mecklenburg und Dänemark ihnen ständig zufügte, und versuchten die Städte der Hanse dazu zu bewegen, an dem Krieg gegen Dänemark teilzunehmen. Die vertretenen Hansestädte wollten indes eine solche

Entscheidung vom Ausgang der bevorstehenden Verhandlungen mit Königin Margarete in Dänemark abhängig machen.[95] Aber bereits auf dieser Versammlung beschloß die Hanse, dem Seeräuberproblem nun energisch beizukommen. 36 Koggen und vier Rheinschiffe (kleinere, bewegliche Frachtschiffe, wie sie im 14. und 15. Jahrhundert auf dem Rhein gebräuchlich waren) mit 3 500 Bewaffneten an Bord sollten vor allem vor den hansischen Ostseestädten aufgebracht werden: »Wegen des gewaltigen Schadens, der durch zahlreichen Seeraub und Mord schon seit langem dem Kaufmann auf der See zugefügt wurde und immer noch wird, haben die Städte auf dieser Tagfahrt beschlossen, die See von den Seeräubern zu befreien, damit der Kaufmann ungefährdet über die See fahren kann.«[96]

Es war eine für die Zeit gewaltige Armada, die die Hanse aufstellen wollte. Jeder Kogge sollten noch eine Schute und eine Schnigge beigegeben werden sowie auf den beiden livländischen Koggen zusätzlich zu den hundert Bewaffneten jeweils 20 gute Schützen mit starken Armbrüsten mitfahren. Die Hanse hatte offenbar vor, zum Krieg zu rüsten, und bezog sich in diesem Beschluß auf die Kölner Konföderation von 1367, in der sich eine Reihe von Hansestädten in einem Bündnis zusammengeschlossen hatten, um gegen den dänischen König Waldemar Atterdag bestehen zu können, was am Ende auch glückte. »Unzweifelhaft waren Lübeck und Stralsund die Antragsteller, und Großes bezweckten sie mit dem Plane. Den mecklenburgischen Seeräubern konnte er ebensowohl gelten, wie eine drohende Demonstration gegen die Königin beabsichtigen ...«[97] Auch wenn diese Flotte schließlich doch nicht aufgeboten wurde, zeigt ihre geplante ungeheure Größe, welche Bedrohung des hansischen Handels der Krieg zwischen Mecklenburg und Dänemark und vor allem die Seeräuber in der Ostsee darstellten. »Man hat den Zweck dieser Rüstung verkannt, sie richtete sich *nicht in erster Linie* gegen Mecklenburg oder Dänemark, sondern ihr Hauptzweck war, die Handelsflotten zu sichern. Von einer weiteren Verwendung, wie z. B. zu einem direkten Angriff, kann nicht die Rede sein. Deutlich genug geht es aus einem Schreiben der Preußen hervor, daß die Wehr nur zur Gewährleistung des Handels in Anspruch genommen werden sollte.«[98]

Gerade die preußischen Hansestädte waren es aber, die die Aufbietung der Flotte verhinderten, indem sie ihre Zusage wieder zurückzogen. Dieser Rückzug hatte seinen Grund weniger in dem Zurückschrecken vor den großen finanziellen Aufwendungen, die notwendig waren, um das vereinbarte Kontingent von zehn Koggen mit insgesamt 1000 Bewaffneten an Bord zu stellen, sondern mehr darin, daß der Landesherr der preußischen Städte, der Hochmeister des Deutschen Ordens, Konrad von Jungingen, wie erwähnt, ganz offensichtlich der mecklenburgischen Seite zuneigte. Da die hansische Flotte doch in erster Linie gegen die Vitalienbrüder gerichtet war, die zu der Zeit noch als Verbündete Mecklenburgs zu gelten hatten, glaubten die preußischen Städte, mit ihrem vereinbarten Aufgebot in Konflikt mit der Politik ihres Landesherrn zu geraten.[99]

Dennoch kamen sich die streitenden Parteien im Laufe des Jahres 1394 vor allem durch die energische Politik der Hanse ein entscheidendes Stück näher auf dem Weg zum Frieden. Auch wenn die preußischen Hansestädte die Aufstellung der Hanseflotte letztlich verhinderten, hatte die Hanse mit ihrer Politik demonstriert, ernsthafte Schritte zur Sicherung ihrer Handelsinteressen in der Ostsee unternehmen zu wollen. Die Aktionen der Vitalienbrüder in diesem Jahr ließen dagegen nicht an Heftigkeit nach, so daß man bereits ahnen konnte, daß sich das Seeräuberproblem mit einem Friedensschluß zwischen Mecklenburg und Dänemark nicht so einfach von selbst erledigen würde. In großen Gruppen, etwa 1200 Mann stark, wurden sie im März 1394 in Gollwitz bei Wismar gesichtet.[100] Viele befanden sich auch auf See. Wo sie hinwollten, wußte man nicht.

Im Juni 1394 demonstrierten die Vitalienbrüder überraschend Frömmigkeit, als sie – aus Dankbarkeit für den guten Ausgang der Flottenfahrt nach Stockholm im zurückliegenden Winter – eine ewige Messe in Stockholm stifteten.[101]

»Zehn Hauptleute der Vitalienbrüder nämlich, Herr Rambold Sanewitze und Herr Bosse van dem Kalende, die sich beide Ritter nannten, und Arnold Stuke, Nicolaus Mylges, Marquard Preen, ... ferner Hartwich Sedorp, Lippold Rumpeshagen, Heinrich Lüchow, Bertram Stockeled und

Schiffherr Joseph, welche als Knappen bezeichnet werden, stifteten in einer Kirche Stockholms mit ›guter Leute Hülfe‹ und aus ihren eigenen Mitteln eine ewige Messe Gott zu Lobe, zu Ehren des heiligen Kreuzes, des heiligen Blutes, S. Georgs, S. Gertrudes und aller Gottesheiligen und dankten damit Gott, der Jungfrau Maria und allen Heiligen, daß die göttliche Gnade sie vor ihren Feinden beschirmt und bewahrt habe. Der Priester Johann Osterburg, dem die zu der Messe vermachten Almosen und Renten überwiesen wurden, erhielt für sein Lebelang die Verpflichtung, in den Meßgebeten des Königs Albrecht, aller der Seinigen, der Stifter der Messe selbst und aller derer zu gedenken, welche sie vermehren und verbessern würden mit Wort und mit Werken.«[102]

Wieder taucht hier der Name Bosse van dem Kalende auf, von dem wir ja wissen, daß er im Herbst 1392 einen großen Teil seines Besitzes, möglicherweise sogar seinen gesamten Besitz, verkaufte, um die Unternehmungen der Vitalienbrüder auch finanziell zu unterstützen. Seine Beteiligung an der Stiftung der Messe in Stockholm zeigt, daß sich das finanzielle Engagement an den Zügen der Vitalienbrüder offensichtlich bezahlt machte. Aber nicht nur Bosse van dem Kalende hatte Mitte des Jahres 1394 Grund zur Dankbarkeit. Es waren ja zehn Hauptleute, die die Messe stifteten, was nicht nur ein Zeichen für die Wohlhabenheit, sondern auch für ein möglicherweise wachsendes Gruppengefühl der Vitalienbrüder sein könnte. Wie es um die Frömmigkeit der Vitalienbrüder bestellt war, läßt sich aus dieser einen frommen Tat natürlich nicht folgern. Ein einige Jahre später belegtes Dokument, in dem sich die Seeräuber als »Gottes Freunde und aller Welt Feinde« bezeichneten, gibt jedoch einen weiteren Hinweis darauf, daß die Seeräuber ihr Tun ganz offensichtlich nicht als gottlos ansahen. Aber bei der Frage nach der Frömmigkeit der Seeräuber darf nicht übersehen werden, daß es sich auch bei diesen um Menschen des Mittelalters handelte, für die Frömmigkeit eine verinnerlichte und unhinterfragte Einstellung war, die keinesfalls selbstverständlich mit einer Form von Humanismus einherging.

Die überlieferte Schriftquelle, die von der Stiftung der Vitalienbrüder berichtet, enthält noch einen Hinweis auf den Grund der Stiftung. Nach der Nennung der zehn Hauptleute heißt es, daß diese die Stiftung vornehmen würden »in Vollmacht und auf den

Rat der guten Leute hin, die sich mit uns belagern ließen auf dem Eis auf der Furt von Dalerne«.[103] Dies deutet auf den Zusammenhang zwischen der Stiftung und dem Abenteuer auf dem Eis hin, was die Vitalienbrüder im Winter 1393/94 auf der Fahrt nach Stockholm zu bestehen hatten. Es ist hierbei nicht uninteressant, daß sich die Hauptleute der Vitalienbrüder bei der Beurkundung der Stiftung eindeutig auf den Auftrag und den Rat ihrer Mannschaft bezogen. Sie vollzogen danach lediglich deren Willen. Klingt hier bereits ein gewissermaßen genossenschaftliches Prinzip in der inneren Organisation der Vitalienbrüder an, das dann zu dem Namen »Likedeeler«, Gleichteiler, führte? Dem steht entgegen, daß die häufige Nennung fast immer derselben Hauptleute eine offenbar doch vorhandene Hierarchie unter den Seeräubern erkennen läßt. Dennoch scheint das Fußvolk der Vitalienbrüder, also die Schiffsbesatzungen, ein gewisses Mitspracherecht besessen zu haben. Jedenfalls wurden die dominanten Herrschaftsstrukturen der mittelalterlichen Gesellschaft nicht einfach übernommen, sondern in Richtung eines genossenschaftlichen Modells verändert, ohne sie völlig aufzuheben.

Daß auch in dieser Urkunde die Namen Klaus Störtebeker und Godeke Michels fehlen, darf nicht zu dem Schluß verleiten, daß sie nicht an der Fahrt nach Stockholm teilgenommen hätten. Wenn sie an der Fahrt teilgenommen haben, wofür vieles spricht, dann nicht als Hauptleute der Vitalienbrüder, sondern als Mitglieder der Mannschaft, möglicherweise bereits als Schiffsführer. In der Stiftungsurkunde von Stockholm werden aber nur diejenigen Hauptleute der Vitalienbrüder aufgeführt, die diese Funktion schon seit einigen Jahren ausgeübt hatten. Störtebeker und Michels waren aber »newcomer«, Hauptleute der zweiten Generation. Sie konnten also in dieser Urkunde überhaupt nicht vorkommen.

Während die zehn Vitalienbrüderhauptleute Johanni 1394 (24. Juni) in Stockholm Frömmigkeit und Dankbarkeit demonstrierten und für ihre weiteren Unternehmungen Gott gnädig stimmen wollten, bahnte sich bereits eine für sie überaus verhängnisvolle Entwicklung an. Die Hanse hatte ihre zurückhaltende Politik in dem Ostseekonflikt ja endlich aufgegeben, und etwa zeitgleich war Margarete von Dänemark bewußt geworden, daß sie ihren Konflikt mit Mecklenburg aus eigener Kraft nicht zu ihren Gunsten würde entscheiden können. Damit waren die Weichen für am Ende erfolgreiche Verhandlungen gestellt. Am 22. Juli 1394 trafen sich Lübeck, Thorn, Elbing, Stralsund, Kampen, Greifswald, Riga und Stettin mit der dänischen Königin in der südschwedischen Stadt Helsingborg.[104]

»Zu Helsingborg einigt man sich dahin, dass die Königin Margaretha auf die Bürgschaft genannter Hansestädte hin König Albrecht von Schweden und seinen Sohn auf ein halbes Jahr in Freiheit setzen will; kann er sich in der Zwischenzeit nicht mit ihr einigen, so soll er ihr entweder wenigstens 60000 löthige Mark Silbers bezahlen, oder man soll ihr Stockholm überantworten, oder der König soll mit seinem Sohne und den übrigen Gefangenen in die Gefangenschaft zurückkehren; ehe sie den König freigiebt, soll aber der desfallsige Vertrag vollzogen werden; Nov. 1 wird deshalb zu Ahlholm ein neuer Tag stattfinden. Auch bietet die Königin den Städten ihre Hülfe zur Befriedung der See an, und weist darauf hin, dass der Kaufmann Schaden davon haben würde, wenn sie sich zu diesem Zwecke nach anderer Hülfe umsehen müsste. Die preussischen Sendeboten ersucht sie, den Hochmeister und die Städte zu bitten, dass sie Nichts versprächen, wodurch sie und ihre Reiche benachtheiligt würden.«[105]

Nun standen die Zeichen eindeutig auf Frieden, zumal es den auf dem Helsingborger Tag anwesend gewesenen Ratssendeboten am 8. September 1394 in Rostock gelang, auch die Gegenseite, also Mecklenburg, für die gefaßten Beschlüsse zu gewinnen. »Die Mecklenburger bitten die hansischen Rathssendeboten, die Bürgschaft für König Albrecht und seinen Sohn zu übernehmen, und bieten ihnen zum Unterpfand König Albrecht und seinen Sohn, Herzog Johann, und einen seiner Brüder, 100 Ritter und Knappen, alle meklenburgischen Städte und – wenn das nicht genüge – auch Stockholm; die Rathssendeboten nehmen dies ad referendum. Der Tag zu Alholm wird von den Meklenburgern angenommen.«[106] Als Geste des guten Willens gab Herzog Johann sogar die Fahrt nach Schonen frei.

Allerdings spielte der Herzog entweder doppeltes Spiel oder er war nicht mehr Herr über seine Truppen, insbesondere über die Vitalienbrüder, denn ein Schreiben Lübecks an die preußischen Städte in dieser Zeit verdeutlicht, daß die Kaperungen in der Ostsee keineswegs aufgehört hatten:

»Es kommen uns Tag für Tag große Klagen zu Ohren, daß der Kaufmann, der von Freundesland zum Freundesland segelt, aufs Schwerste geschädigt wird, also daß Schiffe und Leute gekapert wurden, die Schiffe und die Waren weggenommen und die Leute über Bord geworfen wurden. Im besonderen wurde ein Schiff aufgebracht, das Waren vom Kloster Doberan an Bord hatte: ... das ist ja nun nicht mehr notwendig, daß der Kaufmann schwer geschädigt wird.«[107]

So schnell, wie nun allgemein erwartet wurde, kam der Friede dennoch nicht, denn es ereignete sich ein Zwischenfall, der den in Gang gekommenen Friedensprozeß verzögerte. Die zu den auf den 1. November angesetzten Verhandlungen ins südlolländische Alholm anreisenden Gesandten des Hochmeisters des Deutschen Ordens Konrad von Jungingens wurden von einem mit Margarete in Verbindung stehenden Fürsten, Wartislaw von Stolpe, gefangengenommen.[108] Die Mecklenburger vermuteten sofort die Königin hinter diesem Anschlag und sorgten für eine Verlegung der Friedensverhandlungen auf den 23. April 1395 in Falsterbo.[109] Dieser Zwischenfall konnte den sich anbahnenden Frieden zwar nicht nachhaltig stören, aber für die Geschichte der Vitalienbrüder war diese nun folgende kurze Phase der Wiederaufnahme des Krieges von großer Bedeutung. In der Zeit vor dem angesetzten Tag in Falsterbo gelang es dem Hauptmann von Stockholm, Albrecht von Pecatel, mit einem stattlichen Aufgebot von Vitalienbrüdern die im Besitz Margaretes befindliche Insel Gotland teilweise zu erobern. »In der Zeit, als der König sich in Gefangenschaft befand, da sammelte der Hauptmann von Stockholm, Albrecht von Pecatel genannt, eine große Menge Volkes und zog mit diesem nach Gotland und rang es der Königin ab und zog weiter vor die Stadt Visby und gewann diese auch und bemächtigte sich so der Macht der Königin.«[110]

Ob die Einwohner Visbys den Eroberern Sympathie entgegenbrachten, ist nicht mehr festzustellen. Aber die Erinnerung an die blutige Landnahme Waldemars, Margaretes Vaters, wird 1395 noch lebendig gewesen sein, wenn auch sicher legendenhaft überhöht. So kann man vermuten, daß auch Margaretes Herrschaft auf Gotland nicht auf ungeteilte Gegenliebe stieß. Der Angriff auf Gotland wurde nicht zufällig von Stockholm aus geführt. Hier hielt sich offenbar gerade in dieser Zeit eine große Anzahl von Vitalienbrüdern auf. Die Stiftung der Messe im Sommer 1394 hatte ja gezeigt, daß sich die Vitalienbrüder stark mit Stockholm verbunden sahen. So konnte der Stockholmer Hauptmann Albrecht von Pecatel auf eine stattliche Besatzung seiner Flotte zurückgreifen. Ob der aus der Sicht der Vitalienbrüder »drohende« Frieden zwischen den kriegführenden Parteien sie veranlaßte, sich für die Zeit nach dem Frieden eine Basis für ihre weitere seeräuberische Betätigung, ja eine Existenzgrundlage zu sichern, ist natürlich aus den Quellen nicht herauszulesen. Den Hauptleuten der Vitalienbrüder, die ja in der Mehrzahl mecklenburgische Adlige waren, wird gewiß der Stand der Dinge in den Friedensverhandlungen kaum verborgen geblieben sein. Und so ist zu vermuten, daß die Mecklenburger vor den entscheidenden Verhandlungen mit Königin Margarete ihre strategische Position verbessern wollten – zumal die weitere Entwicklung zeigte, daß die zehn Hauptleute der Vitalienbrüder, die die Messe in Stockholm gestiftet hatten, an einer Weiterführung des Kaperkrieges ohne mecklenburgische Unterstützung über den dänisch-mecklenburgischen Krieg hinaus nicht interessiert waren.

Die strategische Position Mecklenburgs hatte sich durch die Eroberung Gotlands tatsächlich verbessert. Um den 20. Mai 1395 fanden in Schonen, genauer in Falsterbo und Skanör, die entscheidenden Verhandlungen zwischen der Hanse, dem Hochmeister des Deutschen Ordens, Königin Margarete und Mecklenburg statt.[111] Der Beschluß lautete: »Der König soll die Freiheit bis 1398 Sept. 29 erhalten; die sieben Städte: Lübeck, Stralsund, Greifswald, Thorn, Elbing, Danzig und Reval leisten Bürgschaft und nehmen dafür Stockholm ein. Das Risiko tragen Lübeck, Stralsund und Greifswald zur einen, Thorn, Elbing, Danzig und Reval zur anderen Hälfte.«[112] Dafür sollten die sieben genannten Städte bürgen. Sollte bis zu diesem Datum kein Ausgleich zwischen Königin Margarete und Mecklenburg zustandegekommen sein, müßte sich König Albrecht der dänischen Herrscherin als Gefangener zur Verfügung stellen. Andernfalls hätte er 60 000 Mark Lösegeld aufzubringen oder Stockholm würde wieder in Margaretes Besitz kommen. »Bis zum 8. September sollten alle Urkunden besiegelt und Stockholm den Hansen als Pfand ausgeliefert sein, dann wollte Margarete den König freigeben. Am 31. August 1395 übergab dann auch Herzog Johann II. Stockholm an die hansischen Hauptleute. Am 26. September fand der Austausch der Urkunden statt, so daß König Albrecht und sein Sohn Erich in Freiheit gesetzt wurden.«[113]

Fünftes Kapitel

Die Herrschaft der Seeräuber über die Ostsee (1395–1398)

Aus Vitalienbrüdern werden Seeräuber

»Der Kriegszustand war beseitigt. Die gestörten Handelsverbindungen der Städte konnten wieder geordnet und belebt werden. In der Besetzung Stockholms gewährleisteten die Hansestädte den Frieden der Mächte für die nächsten drei Jahre und besaßen zugleich das Unterpfand, um die endgültige Bestätigung ihrer nordischen Privilegien zu erreichen ... Sie hatten es verhindert – wendische und preußische Städte gemeinsam –, daß der Orden Einfluß auf die hansische Politik und den neuen Pfandbesitz gewann. Sie hatten sich als die ausschlaggebende Macht unter den Ostseemächten wieder bewährt, seitdem sie 1393 sich der Bearbeitung dieses Feldes ihrer politischen und handelspolitischen Interessen wieder unterzogen hatten. Wieder hielten die Städte 1395–1398 die Entscheidung über die Machtverhältnisse der Ostseestaaten in ihrer Hand, eine Stellung, die kaum minder bedeutend und eindrucksvoll ist als die Periode ihrer Stellung am Sunde von 1370–1385. Die Wunden zu heilen, die ein mehr als sechsjähriger Krieg im Norden selbst geschlagen hatte, die volle Sicherheit des Seeverkehrs wiederherzustellen durch eine Säuberung der Meere von den Seeräubern, das mußte für die Städte die Sorge der nächsten Zukunft sein.

Der Abschluß des Stillstands nahm den Seeräubern ihre Daseinsberechtigung.«[114]

Diese letzte Beurteilung ist sehr verbreitet in der Forschung. Tatsächlich geht der Beschluß von Skanör und Falsterbo auch auf die Frage ein, was mit denjenigen passieren solle, die in den vergangenen fünf Jahren unter dem Namen »Vitalienbrüder« die Ostsee unsicher gemacht hatten. Bis zum 25. Juli 1395 hatten sie die See zu räumen und verurteilt und bestraft zu werden, falls sie den Frieden brächen. »Auch sollen die von Rostock, von Wismar, von Visby und von Stockholm ihre Häfen, wenn sie (die Vitalienbrüder) nach Haus kommen, sofort zuschließen und niemand hineinlassen, der die Königin oder den Kaufmann schädigen wolle.«[115] Die Vitalienbrüder erschienen den Delegationen in Skanör und Falsterbo in ihrer militärischen Kraft und Selbständigkeit als durchaus bedrohlich. In mehreren Briefen aus dem Juni 1395 kommt etwa die Furcht Konrad von Jungingens vor Angriffen der Vitalienbrüder auf den Deutschen Orden zum Ausdruck.[116] Offenbar war allen Beteiligten klar, daß sich die Vitalienbrüder als Gruppe auch nach einem Friedensschluß nicht so ohne weiteres auflösen würden. Die Verantwortung für deren Verhalten wurde im wesentlichen den Mecklenburgern zugeschoben, die ja durch das Öffnen ihrer Häfen zu Beginn des Konfliktes für alle die, die das Reich Dänemark schädigen wollten, das Entstehen der Vitalienbrüder in diesem Ausmaß überhaupt erst möglich gemacht hatten und mit ihnen bis in das Jahr 1395 hinein im Kampf gegen Königin Margarete verbündet gewesen waren. Daher war natürlich das erste, was man von den Mecklenburgern verlangte, die Schließung der Häfen Rostock und Wismar für die Vitalienbrüder. Darüber hinaus sollten sie auch für deren Verschwinden im gesamten Bereich der Ostsee Sorge tragen, was den Mecklenburgern aber, wie die weitere Entwicklung zeigte, nicht möglich sein sollte.

Die Frage, ob eine Fortsetzung des Kaperkrieges auf eigene Rechnung durch die Vitalienbrüder »unrechtmäßig« oder zumindest »unrechtmäßiger als vorher« war, ist kaum zu beantworten. Das »Recht zum Kapern« in dem Sinne, daß es die Kaperer vor Bestrafung geschützt hätte, hatte es im Verlauf des Krieges zwischen Mecklenburg und Dänemark ohnehin nie gegeben. Daß den Vitalienbrüdern nach dem Friedensschluß für den Fall weiterer Kaperungen harte Bestrafung angedroht wurde, war für sie nichts Neues. Wenn eine Kaperung mißlang und die Kaperer in Gefangenschaft gerieten, waren sie schon im Verlauf des Krieges in aller Regel hingerichtet worden. Von den Dänen und auch von der Hanse, die Kaperungen unter keinen Umständen als legitim anerkannt hatte und die Kaperer wie schlichte Seeräuber behandelte, waren sie meist als Feinde betrachtet worden. Mit der Kategorie »Recht« oder »Unrecht« kommt man in diesem Fall nicht weiter, da die konkrete Folge »rechtmäßigen« oder »unrechtmäßigen« Handelns für die Vitalienbrüder die gleiche war. Man muß hier aufpassen, nicht den moralisierenden Urteilen der Geschichtsschreibung des 19. Jahrhunderts aufzusitzen.

Für die Vitalienbrüder hatte diese Frage ohnehin keine Bedeutung. »Vorausgesetzt, ihnen hätte tatsächlich jede rechtliche Basis gefehlt: was sollten die gut ausgerüsteten Verbände eigentlich tun?«[117] Diese Frage ist viel ausschlaggebender als die Frage nach Recht oder Unrecht. Was wirklich eine neue Lage für die Vitalienbrüder schuf, war die veränderte strategische Situation. Schutz und Schirm der mecklenburgischen Landesherrschaft entfielen von nun an ebenso wie die Häfen Rostock und Wismar als Operationsbasen. Da die Vitalienbrüder über keine eigenen Gebiete verfügten, mußten sie die Anlehnung an eine bestehende Territorialmacht suchen. Im Ostseeraum war aber nach langen Jahren des Krieges und einem dementsprechenden Erschöpfungszustand niemand bereit, die Vitalienbrüder aufzunehmen. Stockholm mußten sie ebenso wie Rostock und Wismar verlassen, weil hier nun die Hanse für drei Jahre regieren würde, die man durchaus als den entschiedensten Gegner der Vitalienbrüder ansehen kann.

In dieser Situation kam es, wie mehrere Chronisten berichten, zur Aufsplitterung der Vitalienbrüder. In der Rufus-Chronik findet sich folgende Schilderung: Als König Albrecht freikam,

»da merkten die Vitalienbrüder wohl, daß sie in der See nicht länger bleiben konnten, noch dazu, weil sie in den zwei Städten (Wismar und Rostock) keine sichere Zuflucht mehr hatten, und wählten das wahrscheinlich Beste und teilten sich in drei Teile und suchten andere Häfen, die sie als Zuflucht nutzen konnten. Der eine Teil kam nach Friesland und raubte dort den Kaufmann aus, der andere Teil suchte das spanische Meer und schädigte den Kaufmann dort und der dritte Teil ging nach Rußland und richtete dort großen Schaden an. Die Hauptleute dieser Seeräuber hießen: Godeke Michels, Wichman, Wikbold und Klaus Störtebeker, und diese fügten dem Kaufmann großen Schaden zu.«[118]

Hier scheint sich bereits bei den Chronisten des späten Mittelalters eine legendenhafte Verfälschung des wahren Sachverhalts eingestellt zu haben, denn ganz sicher ist die Ostsee nach dem Friedensschluß von 1395 nicht völlig frei von Vitalienbrüdern gewesen. Außerdem kann man nicht von einer fast organisiert wirkenden Aufteilung in drei Gruppen ausgehen. Die Erzählung in der Rufus-Chronik basiert wahrscheinlich darauf, daß die Vitalienbrüder sich noch im Laufe des Jahres 1395 in viele kleine Gruppen spalteten und von »Finnland bis Calais urkundlich verfolgbar«[119] waren. Ob einige von ihnen tatsächlich bis nach Spanien segelten, ist nur schwer nachvollziehbar, aber von ihrer Ausrüstung und ihren nautischen Kenntnissen her wird es ihnen sicher möglich gewesen sein, die Nordsee- und die Atlantikküste zu umfahren. Festzuhalten bleibt, daß der Friedensschluß von 1395 die Vitalienbrüder in viele kleine Gruppen spaltete und sie neben der Ostsee nun auch die Nordsee zu ihrem Operationsgebiet erkoren.

Nach der Rufus-Chronik gehörten zu denen, die die Ostsee verließen und ihr Tätigkeitsgebiet in die Nordsee verlagerten, auch Störtebeker und Michels. Aus der Nachricht, daß Godeke Michels dem Eintrag im Wismarer Verfestungsbuch zufolge 1397 aus Wismar »verfestet«, also aus der Stadt gewiesen wurde[120], läßt sich folgern, daß er zumindest nicht unmittelbar nach dem Friedensschluß von 1395 den Ostseeraum verlassen hat. Auch wenn Wismar und Rostock ihre Häfen in aller Heimlichkeit für die Vitalienbrüder offen gehalten haben sollten[121], gibt es doch keinen Zweifel darüber, daß deren Position in der Ostsee unmittelbar nach dem Friedensschluß sehr schwierig wurde und deswegen auch Teile von ihnen die Ostsee verließen. Auffällig ist jedenfalls, daß nach dem Friedensschluß andere Hauptleute in den Vordergrund treten:

»Es ist ... keinem Zweifel unterworfen, daß bei weitem die Mehrzahl der ersten *Hauptleute* der eigentlichen Vitalienbrüder *meklenburgischen* rittermässigen Familien angehörte. Alle diese *Hauptleute* der *Vitalienbrüder* wirkten so lange, als die *Gefangenschaft* des *Königs Albrecht* dauerte: mit dem J. 1395 verschwinden sie aus der Geschichte.

Mit dem J. 1394 traten zuerst jene berüchtigten *Seeräuber* auf, namentlich *Claus Störtebeker*, welche so viele Jahre die See völlig unsicher machten und deren Zweck *allein* Raub war. Diese bloßen Seeräuber sind mit den Vitalienbrüdern nicht zu verwechseln, wie es von den Chronisten wohl öfter geschehen ist.«[122]

Diese Bemerkung geht wieder in die Richtung der bestreitbaren Argumentation, daß die Kaperungen vor 1395 rechtmäßig waren und alle späteren unrechtmäßiger Raub. Störtebeker und die anderen Hauptleute der Zeit nach 1395 von den Vitalienbrüdern begrifflich zu trennen, ist deshalb nicht möglich, weil sich diese Hauptleute durchaus bereits vor 1395 bei verschiedenen Aktionen hevorgetan hatten. Sie gehörten damit von Anfang an eindeutig den Vitalienbrüdern an. Es ist auch nicht ganz richtig, daß die vor 1395 genannten Hauptleute nach 1395 gar nicht mehr vorkommen. Im Falle des Arnd Stuke läßt sich z. B. weitere Seeräubertätigkeit nachweisen.

Ein zweiter Überfall auf Bergen im Jahr 1395, von dem in der Forschung immer wieder zu lesen ist, hat im übrigen nicht stattgefunden. Diese verkehrte Annahme ist in der uneinheitlichen Datierung des ersten und einzigen Überfalls der Vitalienbrüder im Jahr 1393 begründet. Ob zu der Gruppe von Vitalienbrüdern, die sich an der ostfriesischen Nordseeküste festsetzten, bereits die namentlich erwähnten Godeke Michels, Wichmann, Wigbold und Klaus Störtebeker befanden, ist nicht sicher festzustellen, da diese von den Chronisten nicht eindeutig der »Nordseegruppe« zugeordnet wurden.[123]

Die Insel Gotland als Stützpunkt der Seeräuber

In den nun folgenden Jahren geriet die Insel Gotland in den Mittelpunkt der Aktivitäten der Vitalienbrüder.[124] Gotland war nach dem Friedensschluß von 1395 nicht vollständig Königin Margarete zurückgegeben worden. Hier standen sich vielmehr der mecklenburgische Hauptmann Albrecht von Pecatel und der dänische Hauptmann Sven Sture gegenüber und neutralisierten einander. Pecatel hielt für die Mecklenburger die Stadt Visby und Sture die übrige Insel, womit der Status quo aus der Zeit vor dem Friedensschluß für die nächste Zeit festgeschrieben war.[125] Der dänisch-mecklenburgische Konflikt, der auch nach 1395 noch weiter schwelte, weil sich das Haus Mecklenburg mit dem Verzicht auf die schwedische Krone und dem daraus resultierenden Machtverlust nicht abfinden konnte, konzentrierte sich nun auf die Insel Gotland, wenn auch nicht ausschließlich.

Albrecht von Pecatel hatte seinen Zug von Stockholm nach Gotland ja bereits mithilfe einer Gruppe von Vitalienbrüdern unternommen. Diese Vitalienbrüder begannen nun, Visby zu ihrer Operationsbasis auszubauen. Bedeutsam ist nur, daß sich sein Kontrahent Sven Sture, Hauptmann der dänischen Königin, auf eine andere Gruppe der Vitalienbrüder stützte. Daraus werden zwei Grundzüge ihrer Existenz deutlich: Zum einen waren sie trotz ihrer Teilnahme an den Kriegen der Zeit, also an politischen Konflikten, völlig unpolitisch. Der Krieg als solcher, die Kaperung fremder Schiffe, war ihre Existenzgrundlage. Politische Überzeugungen bzw. Loyalitäten gegenüber einem bestimmten Land oder einem bestimmten Herrscher zählten wenig und wären nur hemmend bei der Suche nach neuen Einnahmequellen gewesen. Zum anderen geht man völlig fehl in der Annahme, die Bezeichnung »Vitalien*brüder*« bzw. »Likedeeler«, also »Gleichteiler«, stünde für einen festen, genossenschaftlichen Zusammenhang aller Vitalienbrüder, die auf ungefähr 2000 Mann geschätzt werden.[126] Das Gegenteil ist der Fall. Eine alle Gruppen verbindende Idee, die stark genug war, einen wirklichen Zusammenhalt zu schaffen, existierte offenbar nicht. Das zeigt ihre Reaktion auf den Friedensssschluß von 1395, als sie, in viele kleine Gruppen zersplittert, ihr Glück auf ganz verschiedenen Wegen suchten. In Gotland, wo sie sogar in gegensätzlichen Lagern standen, nahmen sie es auch in Kauf, in Kämpfe gegeneinander verwickelt zu werden. Daraus folgt, daß auch der persönliche Zusammenhalt zwischen den Vitalienbrüdern zu gering war, als daß man ihnen ein Sonderbewußtsein als Gruppe attestieren könnte.

Zurück zu den Geschehnissen im Herbst 1395. Der Hauptteil der Vitalienbrüder lag offensichtlich in Stockholm vor Anker, was die hansische Besatzung mit Besorgnis registrierte.[127] Ein kleinerer Teil, das meldete am 15. September 1395 der preußische Hauptmann der hansischen Besatzung, setzte sich in südfinnische Richtung, nämlich nach Abo und Wiborg, in Bewegung. Die Truppe hatte eine Stärke von etwa 400 Mann und fiel über russische und hansische Kaufleute her.

»Hiervon gibt die hochdeutsche Abschrift eines verlorenen niederdeutschen Berichts Kenntnis, der aus dem 15. Jh. stammte. ... Danach plünderten die Vitalier 1395 die Russen in der Nu (Newa) in Stärke von 400 Mann; einige schlugen sich angeblich durch ein Land der Undeutschen und weiter ›unter das Heilige Land zu den Bergen in Caspien‹ (Rußland) durch, in dessen Bewohnern sie die ›roten Juden‹ vermuteten, von wo aus sie nach Entbehrungen und hohen Verlusten später wieder heimkehrten. – Dieser kleine Abschnitt der sonst alle Zeichen der Echtheit und Glaubwürdigkeit tragenden Schrift klingt ganz wie ein Seemannsgarn, und der wahre Kern der Begebenheit war wohl die ... Niederlage in Dorpat und Narwa.«[128]

Unter der Führung von Arnd Stuke lag der Hauptteil der Vitalienbrüder aber noch immer vor Stockholm. Jedoch auch diese ohnehin schon stark reduzierte Gruppe blieb nicht zusammen. Arnd Stuke und seine engste Gefolgschaft verließen Stockholm, kehrten wieder zurück und verlangten von der hansischen Besatzung der Stadt Geleit, da sie den Frieden nicht gebrochen hätten, was ihnen aber verwehrt wurde, so daß sie noch vor dem 21. Dezember 1395 abermals fortsegelten – ohne daß überliefert wäre, wohin es sie letztlich verschlug. Andere Vitalienbrüder wurden von dem schwedischen Ritter Algot Magnusson in dessen Dienste genommen. Wieder andere segelten nach Gotland oder kehrten – vielleicht in der Hoffnung auf ein friedlicheres Leben – nach Wismar und Rostock zurück.[129] Den noch verbleibenden Teil nahm die hansische Besatzung Stockholms unter ihren Schutz, wahrscheinlich aus Furcht davor, Algot Magnusson könnte noch mehr Vitalienbrüder aufnehmen.[130] Diese Gruppe überwinterte in den Schären vor Stockholm und fuhr erst am 18. Mai 1396 mit dem Ziel Rußland ab.[131] Die Größe dieser Flotte war durchaus beeindruckend. Sie bestand aus acht Karacken und ungefähr hundert Schuten. »Nach der Schiffszahl muß man mit mindestens 50 Mann Besatzung auf den Großschiffen und mit je 10 auf den Schuten, zusammen 1 400 Mann, rechnen. Diese Karacken trugen möglicherweise bereits mehrere Masten.«[132] Die acht Hauptleute dieser Flotte versicherten freilich, daß sie nicht dem

Herrn von Livland, den Hansestädten und dem Kaufmann Schaden zufügen, sondern gegen die Russen ziehen wollten.

»Hanse und Orden sahen sich also 1396 der Zusammenziehung der Vitalienbrüder an drei Stellen gegenüber, in Schweden unter dem Schutz von Königin Margaretes Gefolgsmann Algot Magnusson, auf Gotland und bei Wiborg.«[133]

Diese Situation mußte der Hochmeister des Deutschen Ordens durchaus als bedrohlich empfinden. Denn der livländische Ordenszweig hatte einen schweren Konflikt mit der innerlivländischen Opposition durchzustehen und sah sich nun auf einmal umgeben von Feinden, die sich durch die »arbeitslos« gewordenen Vitalienbrüder entscheidend gestärkt hatten. »Unversehens war eine tödliche Gefahr für den livländischen Ordenszweig entstanden, eine Koalition von Pommern, Polen, Litauern, Vitalienbrüdern und den livländischen Stiftsrittern und Bischöfen hatte das Ordensland völlig eingekreist.«[134]

Der Konflikt hatte sich an der 1393 durch den Papst bestätigten Eingliederung des Erzbistums Riga in den Deutschen Orden entzündet, die vom Rigaer Domkapitel nicht anerkannt wurde. Dessen Widerstand äußerte sich vor allem darin, daß es den vom Orden favorisierten Kandidaten für den erzbischöflichen Stuhl, Johann von Wallenrode, ablehnte und statt dessen einen eigenen Kandidaten zum Erzbischof wählte. Das Domkapitel wurde in der Folgezeit von allen Kräften im östlichen Ostseeraum unterstützt, die eine Erweiterung der Macht des Deutschen Ordens verhindern wollten. Auch die Mecklenburger konnten sich nicht zurückhalten, in den Konflikt einzugreifen. Sie entsandten ein Kontingent unter Führung von Albrecht, des Sohnes Johanns II. von Mecklenburg-Stargard, der sich mit Truppen der Vitalienbrüder verbündete, die sich zu der Zeit in Finnland aufhielten. Trotz mehrerer Verhandlungsversuche kam es von der Mitte des Jahres 1396 an zu kriegerischen Auseinandersetzungen zwischen den Kontrahenten, unter denen die Schlachten von Dorpat und Narwa hervorzuheben sind, in denen sich der Deutsche Orden gegen Vitalienbrüderverbände durchsetzen konnte. Erst im Sommer 1397 konnte der Frieden durch einen Kompromiß hergestellt werden, der die Durchsetzung des Kandidaten des Ordens auf dem erzbischöflichen Stuhl von Riga, aber auch den Verzicht anderer Rechte des Ordens gegenüber baltischen Bistümern mit sich brachte.

Mittlerweile hatte sich die Insel Gotland zu dem wichtigsten Stützpunkt der Vitalienbrüder in der Ostsee entwickelt. Die Insel befand sich nach wie vor in einem »staatsrechtlichen Schwebezustand«.[135] Die Mecklenburger bzw. Vitalienbrüder saßen in Visby, während der Rest der Insel von den Truppen Sven Stures beherrscht wurde. Da sich Mecklenburg und Dänemark nicht gütlich einigen konnten, versuchte Mecklenburg sich mit Gewalt in den Besitz der Insel zu bringen.

In den Jahren 1396 und 1397 kam es bereits zu einigen kleineren Auseinandersetzungen, an denen auch die Hanse, insbesondere die wendischen und preußischen Städte beteiligt waren. Diese beiden Städtegruppen entzweiten sich in der »Gotlandfrage, in der Lübeck und Teile der Hanse die dänische, die Preußen die mecklenburgische Partei nahmen. Jeder Teil erklärte jetzt wechselweise diejenige Seite der auf Gotland kämpfenden Truppen, mit der er nicht sympathisierte, für Seeräuber!«[136] In dieser Zeit waren die Kräfte, die für ein Ende der Seeräuberherrschaft auf Gotland hätten sorgen können, Lübeck und die wendischen Städte sowie der Deutsche Orden, in andere schwere Konflikte verwickelt, so daß diese gegen die Vitalienbrüder nicht zu Felde ziehen konnten.

Diese Konstellation nutzte Herzog Erich, Sohn des mecklenburgischen Königs Albrecht, um die Machtposition der Mecklenburger auf Gotland weiter auszubauen. Er landete im Sommer 1396 auf der Insel, griff mit starken Truppen den Statthalter Margaretes, Sven Sture, an und besiegte ihn im Frühjahr 1397. Die dänischen Truppen wurden mit dem mecklenburgischen Aufgebot vereinigt, und Sven Sture selbst mußte Herzog Erich gegenüber einen Lehnseid leisten. Nun war ganz Gotland in der Hand Herzog Erichs. Sein weiteres Verhalten zeigt, daß die mecklenburgische Politik immer noch auf die Rückgewinnung der Macht in Skandinavien abzielte. Ein hansischer Gesandtschaftsbericht, auf einer Versammlung in Danzig vor dem 23. Juni 1397 geschrieben, enthält folgende Aussagen:

»Außerdem kann ich berichten, daß der junge König sich auf Gotland aufhält und alle Gesellen, die zu ihm kommen, gute und schlechte, und viele Schiffe dazu sammelt, und er hat den Seeltorn (Turm) am Hafen von Visby und zwei Stadttürme mit seinen Leuten besetzt, da er den Bürgern nicht traut, und wenn er mit dem Haufen auszieht, dann ist er sich der Stadt sicher.«[137]

Erich segelte tatsächlich mit 42 großen und kleinen Schiffen und 1 200 Bewaffneten nach Stockholm, um alte mecklenburgische Rechte einzufordern. Dort begehrte er Einlaß und – als ihm die hansische Besatzung, die zahlenmäßig viel kleiner war (140 Mann), diesen verwehrte – die Lieferung von Lebensmitteln und die Möglichkeit, in Stockholm zu kaufen, was immer er wollte.[138] Zu militärischen Auseinandersetzungen kam es offenbar aus Furcht vor der Reaktion der Hanse nicht. So scheiterte ein letzter Versuch der Mecklenburger, die bevorstehende Vereinigung der Reiche Dänemark, Norwegen und Schweden in der Kalmarer Union zu vereiteln, die 1397 vollzogen wurde und Königin Margarete, auf deren Betreiben die Vereinigung zustandegekommen war, eine noch größere Machtfülle verschaffte.[139] Damit waren zugleich die mecklenburgischen Ambitionen auf die Wiedergewinnung der schwedischen Königskrone endgültig zerstört. Erich versuchte offensichtlich nicht, seine Forderungen mit Gewalt durchzusetzen, sondern kehrte nach Gotland zurück, wo er kurze Zeit später, am 26. Juli 1397, auf seinem Schloß Landeskrone starb – nicht ohne den Einwohnern Visbys zuvor ihre Befestigungen zurückzugeben.

Der Tod Erichs hatte für die Situation auf Gotland schwerwiegende Folgen. Nun entwickelte sich die Insel in kürzester Zeit tatsächlich zu einer »Seeräuberkolonie«.[140] Die Witwe Erichs, Margarete von Pommern-Wolgast, machte Sven Sture zum Oberbefehlshaber über die Insel, was nach dem Bericht des Hochmeisters des Deutschen Ordens, Konrad von Jungingens, folgende Auswirkungen hatte:

»… und die Witwe ließ alle Vitalienbrüder auf das Land, und sie raubten den gemeinen Kaufmann aus, und sie ließ den Vitalienbrüdern an allen Küsten verkünden, daß derjenige, der rauben wollte, für die Hälfte seiner Beute, die der Herzogin und Sven Sture zu entrichten war, freier Aufenthalt auf dem Land und auf den Schlössern von Gotland, Landeskrone und Sleyt, gewährt würde. Und das trieben sie eine ganze Zeit und fügten damit dem Kaufmann unglaublichen Schaden zu, wie wohl zu beweisen ist.«[141]

Die Vertreibung der Vitalienbrüder aus der Ostsee 1398

Die Hanse, die im Jahre 1397 keine Schiffe gegen die Seeräuber in die See gelegt hatte, und Konrad von Jungingen beschwerten sich bei Albrecht von Mecklenburg heftig über die von Gotland ausgehende Gefahr für den gemeinen Kaufmann. »Der König schrieb daraufhin dem Hochmeister, daß er nicht daran schuld sei, daß es soviele Seeräuber geworden seien, die Gotland in ihre Gewalt gebracht hätten, noch stünde es in seiner Macht, sie davon zu jagen, noch würde irgendjemandes Recht gegen sie helfen. Also hielten die Seeräuber das Land mit Gewalt in ihrer Hand.«[142] Zwar mag der Mecklenburger mit dieser Antwort auch versucht haben, die Verantwortung für die von Gotland ausgehenden Raubzüge von sich zu schieben, aber man muß doch seine Einschätzung der Situation auf der Insel ernst nehmen. Denn nach diesem Briefwechsel mit dem Hochmeister und der Hanse versuchte er mit der Entsendung seines Vetters, Herzog Johanns des Jüngeren von Mecklenburg, die Kontrolle über die Insel wieder zu gewinnen. Johann wollte mithilfe der Bürger von Visby Sven Sture unter Druck setzen, was aber an der Überlegenheit des Hauptmanns der Vitalienbrüder scheiterte. Auch der Bericht des Hochmeisters über diesen fehlgeschlagenen Versuch gesteht ein, daß die Bürger Visbys gegen Sven Stures Gefolge keine Chancen hatten.[143]

Die Lage auf Gotland war den Mecklenburgern völlig entglitten, und die Seeräuber hatten unter der Führung der Witwe Erichs und Sven Stures einen umfangreichen Kaperkrieg gegen die Kaufleute in der Ostsee aufgenommen, unabhängig davon, woher sie stammten. Damit machten sich die Vitalienbrüder alle Mächte zu Feinden. Es war nur eine Frage der Zeit, wann die Hanse sich zu energischen Aktionen gegen Gotland aufraffen würde. Auch Königin Margarete sann auf Vergeltungsmaßnahmen, wie aus einem

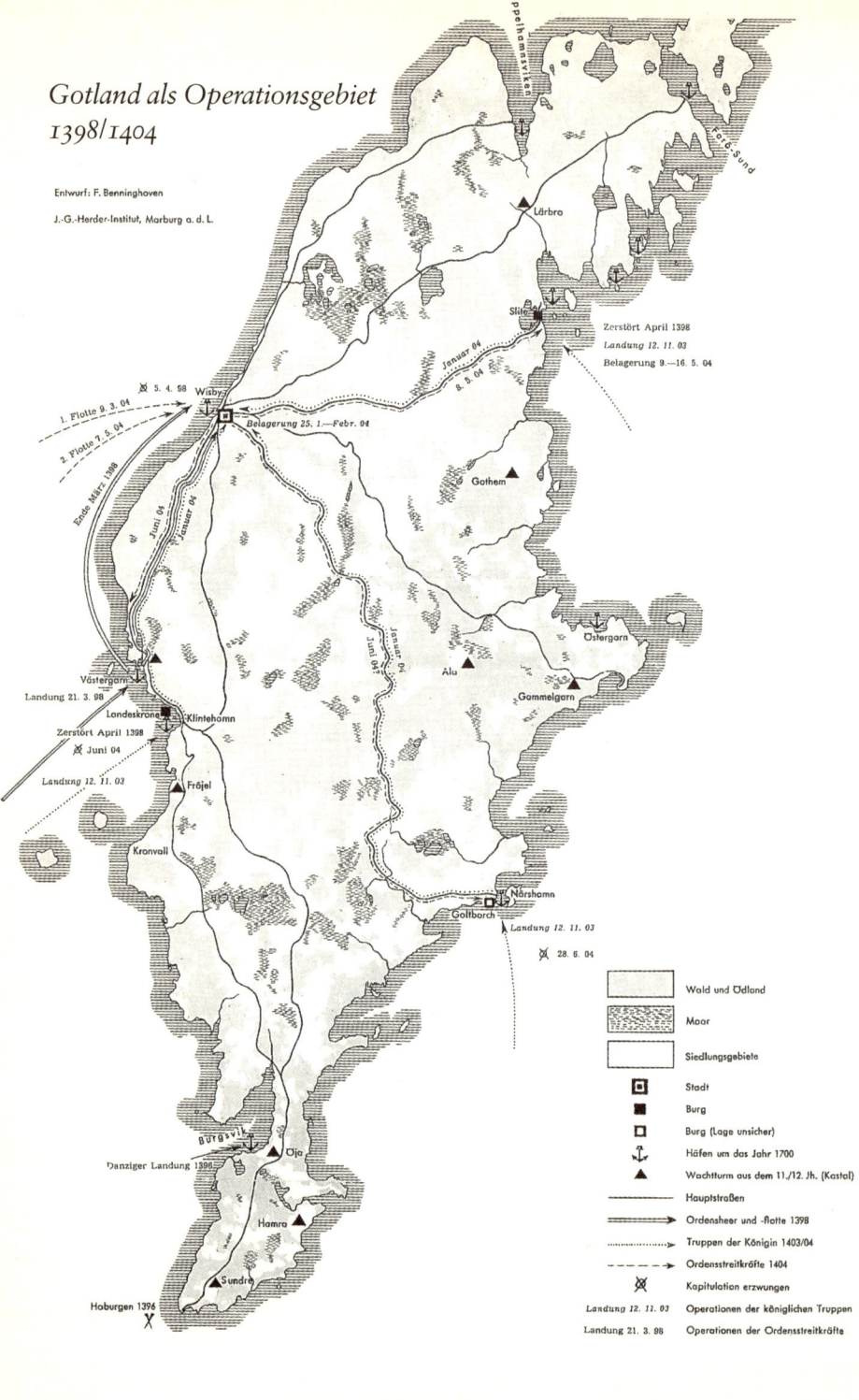

Brief vom 6. Juli 1397 hervorgeht, in dem sie in Lübeck anfragt, was die Hanse eigentlich zu tun gedenke, um »die Seeräuber mit Macht aus der See zu bringen«.¹⁴⁴ Gegen Ende des Jahres 1397 begann Margarete, mit Erichs Witwe zu verhandeln, mit dem vermutlichen Ziel, Gotland wieder unter ihre Herrschaft zu bringen.¹⁴⁵ Nun mußte auch der Deutsche Orden irgend etwas unternehmen. »Für den Orden waren die faktischen Herren des Landes, die Vitalienbrüder, eine ständige Gefahr, mit der er gerade in Livland in diesem Jahr so heftig hatte ringen müssen. Außerdem litt der Handel der preußischen Städte jetzt unerträglich.«¹⁴⁶ Hinzu kam noch die Besorgnis des Deutschen Ordens vor einer Ausdehnung der Macht der durch die Kalmarer Union gestärkten Königin Margarete, so daß sich der Hochmeister nach der Bewältigung der Krise um Livland im Winter 1397/98 zu einer energischen Aktion gegen Gotland entschloß.¹⁴⁷ Sein Eingreifen rechtfertigte Konrad von Jungingen später so: »Danach (nach der gescheiterten Intervention Herzog Johanns) nahm der gemeine Kaufmann einen gar zu großen Schaden, besonders das Land Preußen und Livland; und dieses länger zuzulassen, wäre unverantwortlich gewesen.«¹⁴⁸

Anfang 1398 schickte Johann von Mecklenburg einen Gesandten zum Hochmeister, um ihn zu beschwichtigen und ihn zu überzeugen, daß in Zukunft keine Raubzüge mehr von Gotland aus unternommen werden würden. Der Hochmeister wurde sogar um Lebensmittellieferungen nach Gotland gebeten. Diese Botschaft stieß bei Konrad von Jungingen auf taube Ohren. Schon allein die realen Machtverhältnisse auf der Insel ließen eine berechtigte Hoffnung auf die Einlösung der Zusagen Johanns von Mecklenburg nicht zu. Im übrigen waren die Würfel zu diesem Zeitpunkt mit Sicherheit schon gefallen, und die Vorbereitungen für eine militärische Intervention des Deutschen Ordens auf Gotland waren in vollem Gange.¹⁴⁹ Entsprechend zurückhaltend fiel die Antwort des Hochmeisters aus.¹⁵⁰ Die geplante Aktion wurde noch streng geheimgehalten. Vor allem Königin Margarete sollte solange wie möglich nichts über die Pläne des Deutschen Ordens erfahren, aber auch die

Karte aus F. Benninghoven: ›Die Gotlandfeldzüge des Deutschen Ordens 1398–1408‹, S. 421–477, in: ›Zeitschrift für Ostforschung‹, 13. Jg. 1964

Hanse blieb zunächst uneingeweiht. Der Alleingang wurde später damit gerechtfertigt, daß man einer Zusammenführung der Seeräuber aus allen Gebieten der Ostsee zuvorkommen wollte. Außerdem verwies der Hochmeister auf den Nutzen, der »dem Kaufmann« aus der Aktion des Ordens erwachse.[151]

Wie die Intervention auf Gotland vorbereitet und durchgeführt wurde, ist der Schrift zu entnehmen, mit der 1401 Konrad von Jungingen sein Recht auf Gotland verteidigte:

»So ging der Hochmeister mit seinen Gebietigern (fünf dem Hochmeister unterstellten ›Statthaltern‹) und seinen Städten zu Rate, um diese Situation auf Gotland zu beenden, und ließ 84 Schiffe, kleine und große, ausrichten und diese mit Vorräten und Büchsen und Pulver und allem, was man zum Kriegführen benötigte und benötigt, beladen und besetzte die Schiffe mit 4000 Mann in Rüstung und 400 Pferden, damit ihnen Gott helfe, das Land zu gewinnen, daß sie das Land bereiten und unterwerfen. Wohl ist es ein weiter Weg auszusegeln aus der Weichsel, von wo unser Hochmeister die Schiffe aussegeln ließ, bis nach Gotland, fünfzig Deutsche Meilen über die See zu segeln. Und diese großen Kosten nahm der Hochmeister allein auf sich, um den gemeinen Kaufmann und sein Land zu Preußen und Livland zu schützen.

Dann half Gott, daß das Aufgebot des Hochmeisters mit allen seinen Schiffen vor das Land Gotland kam, und sie segelten in einen Hafen, der Garn heißt, da lag das Raubschloß vor ihnen, das Landeskrone heißt, von dem aller Schade ausging. Da half Gott, daß sie da mit Pferden und Leuten auf das Land sprengten und das Land gewannen.«[152]

Bereits Ende Februar 1398 war das Aufgebot des Hochmeisters zusammengezogen worden, das unter dem Oberbefehl des Komturs von Schwetz, Johann von Pfirts, stand.[153] Allerdings herrschten wohl Witterungsbedingungen, die ein Auslaufen zunächst unmöglich machten. Aber am 17. März verließ die Flotte die Weichselmündung und erreichte nach nur viertägiger Fahrt am 21. März Gotland. Nach der glücklichen Landung bei Västergarn geriet das Unternehmen ins Stocken, was daran lag, daß auf der Insel noch hoher Schnee lag, der ein schnelles Vorgehen mit den Pferden und dem mitgeführten Material stark behinderte. Außerdem stellte sich heraus, daß Sven Sture und Gotlands nominelle Regentin Margarete von Pommern-Wolgast die beiden Türme und das Tor von Visby, wo sich auch Herzog Johann von Mecklenburg aufhielt, eingenommen hatten, womit »sie sich der Stadt bemächtigt hatten und nun alle Bürger mit Weib und Kind und allen Priestern aus der Stadt treiben und aus dieser ein Raubschloß machen wollten«.[154] Ohne die Einnahme von Visby aber wäre die ganze Aktion, die den Deutschen Orden sehr teuer kam, erfolglos gewesen. »Visby blieb ... notwendig der die Insel beherrschende strategische Punkt, von dessen Eroberung der ganze Erfolg der Operation abhing.«[155] Bevor es nun zu Kriegshandlungen kam, versuchte der Oberbefehlshaber der Ordenstruppen, Johann von Pfirt, die Vitalienbrüder auf dem Verhandlungsweg zur Aufgabe zu bewegen. Er begab sich vor die Stadtmauern, so daß Herzog Johann und Sven Sture zu ihm heraus kamen und mit ihm sprachen, wobei er Herzog Johann anklagend befragte, warum er die Seeräuber hielte und hegte, und bat ihn, über diese zu richten. Da sprach er, daß er keine Gewalt über sie hätte, vielmehr hätten sie Macht, über ihn zu richten, wenn er gegen sie sei. Jedoch verteidigte er sie als seine Knechte.«[156] Dieses Gespräch brachte noch keinen Erfolg. Aber kurze Zeit später erschienen Herzog Johann und Sven Sture beim Aufgebot des Deutschen Ordens und nahmen die Verhandlungen wieder auf. Die Übermacht des Ordens war so groß, daß die Führer der Vitalienbrüder die Sinnlosigkeit eines Kampfes erkannten. Außerdem sprachen sich auch die Bürgermeister Visbys für eine friedliche Lösung aus, weil sie die Verwüstung ihrer Stadt befürchten mußten. »Das Ergebnis der Verhandlungen war ein Abkommen. Herzog und Vitalienbrüder verpflichteten sich zur Räumung von Stadt und Insel, die bis zu Verhandlungen zwischen König Albrecht und dem Hochmeister über eine Schlußregelung dem Orden übergeben werden sollte.«[157]

Ein Blutvergießen wurde also vermieden, die Vernunft schien gesiegt zu haben – ein fast überraschender Ausgang eines zunächst überaus dramatischen Unternehmens. Eine nähere Betrachtung der zur Verfügung stehenden Schriftquellen bestätigt indes die Vermutung, daß die Vitalienbrüder nicht so ohne weiteres aufgaben, sondern unter starkem Druck standen. Der Chronist Johann von Posilge berichtet über die Situation auf Gotland folgendes: »Und die Herren von Preussen kamen in die Stadt und wurden so mächtig, während man mit ihnen verhandelte, daß die Räuber sehr von den Herren besorgt waren.«[158] Dieser Notiz zufolge wurden die Vitalienbrüder in Visby offensichtlich belagert, und bei dieser Belagerung stellte sich die Überlegenheit der Ordenstruppen heraus, so daß es den Eingeschlossenen sinnlos erschien, dieser Übermacht zu trotzen. Dennoch muß das Maß an Gewaltanwendung so gering gewesen sein, daß der Chronist Detmar schreiben konnte, die Einnahme von Visby und Gotland sei »sunder wedderstant«, also ohne Widerstand, vonstatten gegangen.[159] Die Niederlage bzw. Aufgabe der Vitalienbrüder war vollständig, was die Besiegelung der Übergabe der Insel durch Herzog Johann von Mecklenburg an die Ordenstruppen am 5. April 1398 dokumentiert.

»Wir, Johann von Gottes Gnaden Herzog zu Mecklenburg, Graf zu Schwerin, Rostock und Stargard, Herr der Lande, mit unseren rechtmäßigen Erben, bekennen und bezeugen in diesem vorliegenden Brief vor allen denen, die ihn sehen, von ihm hören oder lesen, daß wir wohlbedacht und nach Anhörung unseres Rates zu dem Ergebnis gekommen sind, daß unsere Stadt Visby, der Hafen und das Land zu Gotland offen stehen und ein offenes Schloß sein soll für den Hochmeister des Deutschen Ordens, den ganzen Orden und den Seinen für alle ihre Kriegszüge für ewige Zeit ... Auch soll dem gemeinen Kaufmann die vorgenannte Stadt Visby und ihr Hafen offenstehen, um von dort friedlich Handel zu treiben. Außerdem sollen bis zum Ostertag, der nach dem nächsten Sonnenuntergang kommt, alle diejenigen die Stadt Visby und das Land Gotland geräumt haben, die den Deutschen Orden, deren Kaufleute und den gemeinen Kaufmann geschädigt haben, und nach dem Tag (7. April 1398) kein Geleit mehr in der genannten Stadt und dem genannten Land haben und auch weiterhin der Orden, die Seinen und den gemeinen Kaufmann niemals mehr schädigen; und wer dagegen handelt und sich nicht daran hält, der soll an seinem Leib gerichtet werden und weiterhin kein Geleit erhalten; und wenn sie ein starker Sturm an das Land treibt, so sollen sie sicher sein, wenn sie in ihren Schiffen bleiben und nicht an Land gehen, so lange, bis sich der Wind gedreht hat. Auch soll man alle die Schlösser, die auf dem genannten Land liegen, von denen die Ordensleute und der gemeine Kaufmann geschädigt wurden, sofort niederbrennen und kein Schloß wieder bauen, von dem aus der Orden und der gemeine Kaufmann geschädigt werden könnte. Außerdem soll all das geraubte Gut, also Schiffe und allerlei Schätze, das sich jetzt in der Stadt, im Hafen und auf dem Lande befindet und noch kommen mag, denjenigen zurückgegegeben werden, denen es rechtmäßig gehört.«[160]

Aus dem Bericht des Hochmeisters Konrad von Jungingens aus dem Jahr 1401 geht hervor, daß seine Leute drei Raubschlösser bis auf die Grundmauern niederbrannten. Es handelt sich bei diesen Raubschlössern um die Burg Landeskrone an der Westküste Gotlands und die Burg Slite an der Ostküste der Insel. Die Lage des dritten Schlosses kann nicht mehr ermittelt werden. Weiter berichtet der Ordensmeister:

»Danach räumten Herzog Johann und Herzog Erichs Weib und Sven Sture mit den Seinen die Stadt Visby und zogen weg mit etwa 400 Mann und schrieben in einem Brief, daß sie den Kaufmann niemals mehr berauben, beschädigen oder ermorden wollten. Und die anderen Vitalienbrüder, die noch auf dem Lande blieben und ergriffen wurden, die wurden alle erschlagen. Danach besetzten die Hauptleute des Hochmeisters das Land und die Stadt und ließen drei Ordensbrüder zurück, dazu 200 Bewaffnete und 100 gesattelte Pferde, mit denen sie über das Land reiten konnten, und segelten wieder zum Land zurück mit der einbehaltenen Habe.«[161]

Am 17. März 1398 war die Ordensflotte aus der Weichselmündung zu ihrer Expedition nach Gotland aufgebrochen, und bereits am 25. April, gute fünf Wochen später, lief die Flotte in der Weichselmündung wieder ein. Das Unternehmen war ein voller Erfolg. Alle Ostseemächte einschließlich der Hanse waren von der Aktion überrascht worden. Die Mecklenburger hatten damit ihre okkupierte Operationsbasis Gotland verloren, die Macht der Vitalienbrüder, die zwischen 1395 und 1398 die Schiffahrt in der Ostsee fast unmöglich gemacht hatten, war auf diesem Meer endgültig gebrochen. Die Hanse konnte im Grunde mit dem Ergebnis der nicht von ihr finanzierten Aktion zufrieden sein, auch wenn man dem Frieden zunächst nicht so recht traute. Königin Margarete mußte die Vertreibung der Vitalienbrüder ebenfalls mit Erleichterung zur Kenntnis nehmen, da ja auch der dänische und schwedische Ostseehandel durch die Vitalienbrüder schwer gelitten hatte. Auf der anderen Seite konnte sie die Eroberung Gotlands auch als widerrechtliche Okkupation der Insel durch den Deutschen Orden ansehen.

»Die staatsrechtliche Lage der Insel war jetzt ganz verworren. Der Lindholmer Vertrag hatte die Insel zwischen König Albrecht und Königin Margarete geteilt; seitdem erhoben beide Parteien einen Herrschaftsanspruch.

Beim Wiederausbruch des Krieges war die ganze Insel dann von Albrechts Truppen unter seiner nominellen Oberhoheit in die Hände der Vitalienbrüder geraten. Dänemark hatte nie auf seinen Rechtsanspruch verzichtet, andererseits aber auch wenig unternommen, um die Seeräuberplage zu unterdrücken. Das Ordensheer hatte die Insel nicht den Dänen fortgenommen, sondern den Seeräubern.«[162]

Der Deutsche Orden hatte von vornherein versucht, den Anschein der widerrechtlichen Aneignung der Insel zu vermeiden, und immer deutlich gemacht, daß es ihm lediglich um die Vertreibung der Vitalienbrüder gegangen war. Allerdings hatte die Aktion gegen die Seeräuber eine ungeheure Menge Geld gekostet. Der Hochmeister bezifferte diese Summe auf rund 20 000 englische Nobel, was annähernd 20 000 preußischen Mark entsprach.[163] Diesen Betrag forderte Konrad von Jungingen nun von Margarete gegen die Herausgabe Gotlands. Nach vielen vergeblichen Verhandlungen kam es zwischen beiden 1404 zum Krieg um Gotland, der aber auch keine Entscheidung über die Herrschaftsverhältnisse auf der Insel brachte. 1408 gab der Deutsche Orden gegen eine Zahlung von 9 000 englischen Nobeln Gotland an Dänemark zurück. Für die Geschichte der Vitalienbrüder aber ist die Insel von 1398 an nicht mehr von Interesse.

Sechstes Kapitel
Die Vitalienbrüder in der Nordsee (1398–1401)

Die Bündnisse mit den ostfriesischen Häuptlingen

Gotland war seit April 1398 für die Vitalienbrüder verloren, und die Situation in der Ostsee machte es ihnen kaum noch möglich, mit einer Territorialmacht in Verbindung zu treten. Wohin wandten sich die Vitalienbrüder, von denen noch etwa 400 Mann, vor allem aus Gotland stammend, übriggeblieben waren? Sie versuchten doch noch ein letztes Mal, sich mit einer Ostseemacht zu verbünden – mit den Herzögen von Pommern. Allerdings währte dieses Bündnis nur wenige Wochen, da der Deutsche Orden schon am 10. Mai 1398 den Herzögen Bernim und Wartizlav von Stettin die Versicherung abnahm, »den Seeräubern keine Unterstützung zu leisten und nach beendigter Reise einen Holk (Schiffstyp, der die Kogge abgelöst hatte), den die Räuber den Danzigern weggenommen und den sie von ihren Vettern gekauft haben, dem Hochmeister zurückzustellen.«[164]

Als Herzog Bernim diesem Vertrag zuwiderhandelte und die Schiffe der Vitalienbrüder zu einer Flotte zusammenstellte – offiziell, um sie Königin Margarete zuzuführen –, wurde die Hanse aktiv, bildete aus preußischen, lübischen und stralsundischen Schiffen eine Friedeflotte und stellte die pommersche Flotte im Hafen von Kopenhagen.[165]

Der friedliche Vergleich zwischen den beiden Flotten bedeutete für die Vitalienbrüder den Verlust jeglicher Machtbasis in der Ostsee. Sie besaßen nun keine Stützpunkte mehr und hatten keine Möglichkeiten, ihre geraubten Waren abzusetzen. Im Laufe des Jahres 1398 verschwanden die Vitalienbrüder daher nahezu vollständig aus der Ostsee. Bis auf einzelne Seeräuber, die bei dänischen Adligen Aufnahme fanden, im September 1399 aber von Königin Margarete getötet wurden, gingen alle anderen in die Nordsee.

Die infolge der Eroberung Gotlands in die Nordsee ausweichenden Vitalienbrüder waren keineswegs die ersten, die sich in diesem Gebiet niederließen. Schon 1390 hatte ja Hamburg gegen Vitalienbrüder auf der Weser gefochten, wie oben erwähnt, und nach dem Friedensschluß von Skanör und Falsterbo im Jahr 1395 war eine ganze Reihe weiterer Seeräuber in die Nordsee ausgewichen. Der erste nachweisbare Versuch von Vitalienbrüdern, an der Nordseeküste geraubte Waren zu verkaufen, ist nicht genau datierbar, hat aber zwischen den Jahren 1395 und 1398 stattgefunden, als 35 von ihnen in der Wesermündung mit einer Barke und einem Schiff auf der Reede von Blexen erschienen und 22 Last Weizen und 12 Last Fische zum Kauf anboten.[166] Für 1396 kann man nachweisen, daß eine Gruppe von Vitalienbrüdern Aufnahme bei Graf Konrad von Oldenburg suchte, aber abgewiesen wurde, daraufhin weiter an die Westküste Ostfrieslands zog und schließlich im Brokmerland von Widzel tom Brok aufgenommen wurde. Von da ab reißen die Zeugnisse über den Aufenthalt der Vitalienbrüder in Ostfriesland nicht mehr ab. Vor allem im Emsigerland, also der Westhälfte Ostfrieslands, fanden sie bei den ostfriesischen Häuptlingen Stützpunkte. Nach 1398 befand sich die Hauptmasse der Vitalienbrüder in ostfriesischem Gebiet und ging von hier aus der Seeräuberei nach. Die Bedingungen, die sie in Ostfriesland für ihre Existenz vorfanden, waren nahezu ideal. Das Land stand nicht unter einer dominanten Landesherrschaft, sondern war zersplittert in eine Reihe von Landgemeinden oder größeren Herrschaftsgebieten, in denen »hovetlinge«, Häuptlinge, die Macht ausübten.[167]

Diese Herrschaftsstruktur hatte sich in der Mitte des 14. Jahrhunderts herauskristallisiert, war aber bereits in den Verhältnissen Ostfrieslands im 13. Jahrhundert angelegt. Aus den damaligen »Reichen« und »Mächtigen« waren hundert Jahre später die

»Häuptlinge« geworden. Diese Häuptlinge standen fast permanent in Fehde untereinander, zudem griff die Politik Albrechts von Bayern, der zugleich auch Graf von Holland war, nach Osten aus und setzte somit die friesischen Häuptlinge unter starken Druck. »Es wäre völlig verfehlt, hinter den Häuptlingskämpfen jener Zeit das Ideal eines geeinten Ostfriesland leuchten zu sehen, das ein ›starker Mann‹ wie Keno II. energisch zäh zu verwirklichen strebte und das eine gehäufte Unmoral von List und Grausamkeit, Vertragsbruch und Mord hätte rechtfertigen können: es ging um nackte Macht und Selbstbehauptung, und keinem Angreifer führte ein moralisches Recht das Schwert.«[168]

Hier, in diesen alltäglichen Feldzügen gegen Ende des 14. Jahrhunderts, lag der Hauptgrund für den großen Bedarf an kriegserfahrenen Leuten, wie sie die Vitalienbrüder darstellten. Die aus der Ostsee vertriebenen Seeräuber vereinigten einige unschätzbare Vorteile in sich. Sie waren unabhängig, fast ständig verfügbar, in vielen Schlachten erprobt, und vor allem kosteten sie kaum Geld. Sie machten auf eigene Rechnung Beute und waren daher natürlich viel billiger als Söldner. Was für ihre Existenz lebensnotwendig war, konnten wiederum die friesischen Häuptlinge bieten: sicheren Unterschlupf und Absatzmärkte für die geraubten Waren. Diesen vielen Vorteilen standen allerdings zwei nicht unerhebliche Nachteile gegenüber: Zum einen waren Vitalienbrüder als gleichsam »freie Unternehmer« zur See mit ihrer großen Kriegserfahrung und als Gruppe mit eingespielter Binnenstruktur nur schwer lenkbar. Sie handelten in hohem Maße selbständig. Zum anderen, und dies war wirklich gravierend, brachten die Vitalienbrüder die friesischen Häuptlinge »in Konflikt mit auswärtigen Mächten, denn sie kaperten auch hansische und holländische Schiffe ohne Unterschied.«[169]

Die regionalen Fehden der Ostfriesen erhielten durch die Teilnahme der Vitalienbrüder an den Kämpfen überregionale Bedeutung. »Der nun jäh wachsende Seeraub in der südlichen Nordsee schädigte vor allem die hansische Schiffahrt, traf insbesondere Hamburg und Bremen in ihren friesischen Handelsinteressen, aber auch Lübeck und die anderen, Getreide nach Westeuropa exportierenden Ostseestädte; er wurde entsprechend zum drängenden

Thema, zum Problem der Hanse, zum Grund ihres Eingreifens in die ostfriesischen Verhältnisse.«[170] Letzten Endes wirkte die Einbeziehung der Vitalienbrüder in die friesischen Fehden nur noch konfliktverschärfend, und die Situation wurde für die Häuptlinge ausgesprochen kompliziert. Dadurch, daß sich in kürzester Zeit fast alle Häuptlinge der Hilfe der Vitalienbrüder bedienten, war es dem einzelnen Häuptling kaum mehr möglich, darauf zu verzichten, weil er mit seiner eigenen Hausmacht unmöglich das militärische Potential der Seeräuber, das seinen Gegnern zur Verfügung stand, ausgleichen konnte. Auf der anderen Seite sollten, wie noch zu sehen sein wird, die Häuptlinge bald unter außerordentlich starken Druck von seiten der Hanse geraten, die natürlich darauf drang, daß sich die Friesen von den Vitalienbrüdern lossagten. Wie aber bei Abrüstungsverhandlungen auch in moderner Zeit oft zu beobachten ist, mißtraute einer dem anderen und lauerte nur darauf, daß der andere sich tatsächlich an die gemachten Versprechen hielt und auf die Hilfe der Vitalienbrüder verzichtete, um diesen vermeintlichen Augenblick der Schwäche des Gegners durch einen Angriff für sich zu nutzen. So war die Situation in Ostfriesland seit Aufnahme der ersten Vitalienbrüder 1395 gekennzeichnet durch ein »Gleichgewicht des Schreckens«, das diesen dauerhaft die Möglichkeit verschaffte, bei einem oder mehreren Häuptlingen Unterschlupf zu finden.

Hielten sich Klaus Störtebeker und Godeke Michels ebenfalls in Ostfriesland auf, und gehörten die beiden der Gruppe von Vitalienbrüdern an, die 1398 aus Gotland vertrieben wurde und in Ostfriesland eine neue Existenz suchte, oder waren sie bereits seit längerem dort? Fragen, auf die es keine sichere Antwort gibt. Die Chronisten des 15. Jahrhunderts berichteten davon, wie oben erwähnt, daß sich bereits nach dem Friedensschluß von Skanör und Falsterbo im Jahre 1395 eine Gruppe von Vitalienbrüdern an der Nordseeküste festsetzte, bei der auch Godeke Michels, Wichmann, Wigbold und Klaus Störtebeker gewesen sein könnten. Die Tatsache, daß Michels und Störtebeker in den Jahren 1398 bis 1400 offenbar eine große Aktivität von Ostfriesland aus entwickelten, spricht eher dafür, daß die beiden sich schon vor 1398 dort aufgehalten und ihre Machtposition gesichert hatten.

Es ist gut möglich, daß Michels und Störtebeker an den Kaperungen in der Nordsee, von denen das Brügger Kontor der Hanse am 4. Mai 1398 berichtete, beteiligt waren.[171] Dieser Bericht enthält auch das berühmt gewordene Wort der Vitalienbrüder, daß sie »Gottes Freunde und aller Welt Feind« seien. Wie die Vitalienbrüder bei ihren Raubzügen vorgingen, zeigt der Bericht des Brügger Kontors:

»Die Vitalienbrüder, denen Witzeld tom Broke in Friesland Aufenthalt gewährte, haben vor kurzem in Norwegen ein Schiff genommen mit wismarschem Bier, von dem der Schiffer Egghert Schoeff aus Danzig hieß. Mit diesem Schiff segelten dieselben Vitalienbrüder aus Norwegen vorbei am Swin (Meerenge vor Brügge) in die Straße von Calais, und da nahmen sie 14 oder 15 Schiffe, geladen mit allerhand Gütern wie Öl, Wachs, Wein, Reis, Honig, Talg und mit allerhand anderen Waren, die man aus Frankreich und Spanien zu bringen pflegt, und zwar mit einer Anzahl von wohl fünf Barken. Außerdem nahmen sie zu derselben Zeit ein Schiff, das aus England kam und in den Swin segeln wollte. In diesem Schiff verloren die Kaufleute unseres Rechts große Mengen an Gold und Gewändern, und dieselben Kaufleute haben sie mit sich geführt nach Friesland, wie wir erfahren haben. Und nachdem sie alle diese Schiffe nach ihrem Willen genommen hatten, da verkauften sie dem genannten Schiffer Egghert Schoeff dessen Schiff wieder gegen eine Geldsumme, dafür, daß er einen Bürgen und eine Geisel gestellt hatte, die er bei Witzeld in Friesland einlösen mußte. Auch hat uns der Schiffer Egghert Schoeff zur Kenntnis gegeben, daß ihm die Vitalienbrüder befohlen hatten, uns zu sagen, daß sie Gottes Freunde und aller Welt Feinde wären, außer derer von Hamburg und Bremen, denen sie keinen Schaden zufügen wollten, da sie dort kommen und gehen konnten, wann immer sie dies wollten.«[172]

Daß Hamburg und Bremen den Vitalienbrüdern wohlgesonnen gewesen wären, ist zumindest als stark übertrieben zu bezeichnen. Interessant ist, wie der ostfriesische Häuptling Widzel tom Brok dargestellt wird, bei dem die für Egghert Schoeff gestellte Geisel ausgelöst werden mußte. Widzel war demnach nicht nur der »Heger« (Schirmherr) der Seeräuber, die ihm im Gegenzug für die Gewährung von Unterkunft und Absatzmarkt ihrer geraubten Waren als Kriegshelfer zur Seite standen, sondern mehr noch deren Komplize bei Raub und Erpressung, denen jeder politische Hintergrund fehlte.

Knapp drei Wochen, nachdem das Kontor von Brügge über diese Aktivitäten der Vitalienbrüder berichtet hatte, richteten die drei flandrischen Städte Gent, Brügge und Ypern einen Appell an die in Lübeck versammelten Hansestädte, energisch gegen die Vitalienbrüder vorzugehen, die in jüngster Zeit auch verstärkt in Flandern ihr Unwesen trieben, da sie allein dieses Problems nicht Herr werden könnten. Sie wünschten »Auskunft darüber, was bereits in dieser Angelegenheit beschlossen sei; begehren, daß sie in der Zwischenzeit in ihren Städten, namentlich in Bremen und Hamburg, den Ankauf des Raubgutes verbieten und die Verkäufer als Genossen der Seeräuber bestrafen lassen, und daß sie auch bei benachbarten Fürsten, Städten und Oertern, die nicht zur Hanse gehören, ein Verbot gegen die Aufnahme der Seeräuber und gegen den Ankauf des Raubgutes erwirken ...«[173] In diesem Appell der flandrischen Städte werden also Bremen und Hamburg ganz unverblümt beschuldigt, den Vitalienbrüdern den Absatz ihrer Waren zu gestatten. Einen knappen Monat später schreibt Bremen an Hamburg »wegen eines Mannes in Bremen, der angeblich mit den Seeräubern in Verbindung stehe«, und fordert in diesem Zusammenhang die Nachbarstadt auf, gemeinsam mit den eigenen Truppen gegen die Vitalienbrüder vorzugehen und bösen Gerüchten und Verleumdungen keinen Glauben zu schenken.[174] Mit anderen Worten: Bremen verwahrte sich ausdrücklich gegen die gemachten Anschuldigungen des Brügger Kontors, die Vitalienbrüder könnten in der Hansestadt ihre Waren zum Kauf anbieten.

Das Wort der Vitalienbrüder, sie seien »Gottes Freunde und aller Welt Feinde«, muß sich schnell herumgesprochen haben, da Konrad von Jungingen diese dreiste Behauptung in einem Schreiben vom 29. Mai 1398 an die Stadt Visby wie folgt konterkarierte: »Ehrbare, liebe Freunde, Ihr wißt, daß wir uns wegen der großen Not des gemeinen Kaufmanns in die See gelegt haben, um die Seeräuber zu vertreiben, die Gottes und aller Welt Feinde und Beschädiger sind ...«[175] In diesem Schreiben äußerte der Hochmeister die Befürchtung, daß die Vitalienbrüder nach Gotland zurückkommen könnten, wenn die Stadt Visby und die übrige Insel nicht ausreichend bewacht würden. Deshalb forderte er Visby auf, sich an den Kosten für die Bewachung zu beteiligen.

Die Vitalienbrüder in der Nordsee (1398–1401)

Modell der von Edo Wiemken 1383 erbauten »Sibetsburg« in Bant, 1435 von Hamburg zerstört

Nicht nur bei Widzel tom Brok im westlichen Ostfriesland waren Vitalienbrüder untergekommen, sondern auch im östlichen Ostfriesland, in Rüstringen, hielten sich etliche Seeräuber auf. »Heger« der Vitalienbrüder war hier Edo Wiemken d. Ältere, der »weitaus mächtigste Häuptling im Jadebusengebiet ..., der kluge, ›vast harte‹ Mann«.[176] Edo Wiemken war 1368 im Kampf gegen die Grafen von Oldenburg zum »capitaneus«, zum Häuptling, gewählt worden. Es gelang ihm in den nächsten Jahren, seine Macht wesentlich auszudehnen und Herr der Gebiete Rüstringen, Östringen und Wangerland zu werden – allerdings nicht ohne Schwierigkeiten und auch nicht unumstritten: »Er mußte sich neben Konkurrenten behaupten, deren Machtpositionen neben der seinen dulden.«[177] Er baute die Burg Jever aus und errichtete 1383 seine Residenz im Kirchspiel Bant, auf dem heutigen Gebiet Wilhelmshavens, die zunächst nach ihm »Edenburg«, später nach seinem Nachfolger »Sibetsburg« genannt wurde. Diese Burg stellte nicht nur Edo Wiemkens Herrschaftsmittelpunkt dar, sondern entwickelte sich auch zu einem »Piratennest«[178], was sich unter seinem Enkel und Nachfolger, Sibet Lubbenson, nicht änderte. 1433 wurde die Sibetsburg deshalb von einem etwa 2000 Mann umfassenden Hamburger Aufgebot belagert und schließlich zur Aufgabe gezwungen. 1435 wurde das »mächtige Schloß, ... das starke Steinhaus, mit dicken Mauern versehen, ... wohl befestigt mit drei Gräben«[179], völlig zerstört.

Schon bevor er die Vitalienbrüder zur Verstärkung bei sich aufnahm, hatte Edo Wiemken die Festigung und Expansion seiner Macht durch eigene Seeräuberei finanziert. »Da Landsteuern in damaliger Zeit in Friesland noch unbekannt waren, verlegte sich Edo auf den Seeraub. Schon im Jahre 1388 mußten sich die Bremer durch Verträge gegen Edos Raub schützen.«[180] Edo Wiemken war damit keineswegs eine Ausnahme. Für fast alle ostfriesischen Häuptlinge stellte der Seeraub eine willkommene Einnahmequelle dar.

Seinen Ruf, ein »fast harter« Mann zu sein, verdankt er wahrscheinlich nicht nur seiner expansiven Machtpolitik, sondern auch einer Episode, die sich im Jahr 1384 abgespielt haben soll.[181] Edo versuchte seine Machtpolitik durch eine geschickte Heiratspolitik abzusichern, indem er seine Schwester Jarste mit dem Häuptling von Esenshamm, Husseke Hayen, verheiratet hatte. Als dieser seine Frau Jarste verstieß, schloß sich Edo einer Bremer Expedition gegen Husseke Hayen an. Tatsächlich gelang es den Bremern, die feste Kirche von Esenshamm zu erstürmen und Husseke Hayen gefangenzunehmen. Den Gefangenen übergaben sie Edo Wiemken, der sich furchtbar an ihm rächte. Er nahm Husseke Hayen mit auf seine Burg, setzte ihn mehrfach der Folter aus und ließ ihn zuletzt mit Hanfseilen mittendurch sägen. Ob sich die Geschichte tatsächlich so abspielte, mag dahingestellt sein. Sicher ist, daß in dieser Zeit mit Gefangenen nicht gerade schonend verfahren wurde. Hinter dem Kampf zwischen Edo Wiemken und Husseke Hayen stand sicherlich mehr als nur verletzte Familienehre. Der Vertrag vom 30. Mai 1384[182], den die Bremer mit Edo Wiemken und zwei weiteren ostfriesischen Häuptlingen gegen Husseke Hayen und andere regionale Herrscher schlossen, von denen laut Vertrag »großer Schaden« für die Bündnispartner ausgegangen war, macht deutlich, daß hier ein harter politischer Machtkampf zwischen ostfriesischen Häuptlingen im Gange war. Edo Wiemken verbündete sich mit der mächtigen Hansestadt Bremen, um sich – letztlich erfolgreich – gegen seine Gegner durchzusetzen.

Im Zusammenhang mit diesen Häuptlingsfehden in Ostfriesland muß die Aufnahme der Vitalienbrüder bei den ostfriesischen Häuptlingen gesehen werden. Edo Wiemken hat sich in dieser Hinsicht ganz offensichtlich hervorgetan, da er als einer der ersten ostfriesischen Häuptlinge mit den Hansestädten große Schwierigkeiten bekam, bis er am 4. Juli 1398 Lübeck, Bremen und Hamburg vertraglich zusichern mußte, daß er den Vitalienbrüdern seinen Schutz entziehen und sie aus seinem Gebiet weisen würde. Im Hinblick auf die Zusammenarbeit zwischen den ostfriesischen Häuptlingen und den Vitalienbrüdern ist dieser Vertrag sehr aufschlußreich:

»All denen, die diesen Brief lesen oder von ihm Kenntnis erhalten, sei mitgeteilt, daß ich, Edo Wiemken, Häuptling im Rüstringer Landesviertel, in diesem Brief bekenne und bezeuge, daß ich ehrlichen Herzens den ehrwürdigen Herren Bürgermeistern und Ratsherren der Städte Lübeck, Bremen und Hamburg gelobt habe und gelobe, die Vitalienbrüder, alt und jung, von mir zur weisen, die ich zu dieser Zeit bei mir habe und die ich auf mein Schloß und in mein Gebiet ließ, so daß sie dieses räumen und von mir wegziehen sollen zu Lande und nicht zu Wasser in den ersten acht Tagen nach Ausgabe dieses Briefes, und ich soll und werde diese Vitalienbrüder oder andere Vitalienbrüder oder andere Leute, die den Hansestädten oder ihren Kaufleuten Schaden beigebracht haben oder dies noch tun und den Städten noch keine Sühne geleistet haben, niemals mehr aufnehmen und schützen auf meinem Schloß oder in meinem Gebiet, und ich will solche Leute niemals mehr aufnehmen, und dies wird auch niemand tun, der mir zu gehorchen hat. Auch werde ich niemanden sonst in meinem Schloß und in meinem Gebiet dulden, der die Städte oder den Kaufmann schädigen will, den werde ich von Stund an von mir weisen, sobald ich davon Kenntnis erhalte; außerdem will ich den genannten oder auch anderen Städten gegen die Vitalienbrüder helfen, wenn sie dieses von mir begehren. Auch gelobe ich in diesem Brief, daß ich den Städten und ihren Kaufleuten alles Gut, das zwischen jetzt und Ostern auf mein Schloß und in mein Gebiet kommt, so vollständig wie möglich wieder zurückgeben werde, wenn es dem Kaufmann oder jemandem anderes und den Seinen oder mir gelingt zu beweisen, daß dieses Gut in eine Hansestadt gehört. Außerdem gelobe ich, daß dieses

Gut, das sich in meinem Schloß oder in meinem Gebiet befindet und dem Kaufmann geraubt worden ist, von jetzt an bis Ostern zusammenbleiben und nichts davon entfernt werden soll.«[183]

An solchen oder ähnlichen Versicherungen gegenüber der Hanse auch von seiten anderer ostfriesischer Häuptlinge sollte es in den kommenden Jahren nicht mangeln. Aber so eindeutig sie auch formuliert waren, stellten sie sich doch in der Realität schnell als außerordentlich wirkungslos heraus – teils, weil die Häuptlinge von ihrer alten Gewohnheit, der Seeräuberei, selbst nicht lassen konnten, teils weil die strategische Situation im Kampf gegen andere Häuptlinge oder den Grafen von Holland die Hilfeleistung der Vitalienbrüder ganz einfach unumgänglich machte. Es sollte sich schon bald erweisen, daß die Hanse um ein energisches Vorgehen gegen die Häuptlinge und die sich bei ihnen aufhaltenden Vitalienbrüder nicht herumkommen würde. Verträge nutzten in diesem Falle nichts.

Der Vertrag zwischen den Hansestädten und Edo Wiemken zeigt, wie die Zusammenarbeit der Vitalienbrüder mit ihm beschaffen war. Vor allem fanden sie bei Edo Unterkunft, und zwar offenbar in seinem Schloß ebenso wie in seinem ganzen Herrschaftsgebiet. Sie lebten aber nicht nur bei Edo, sondern standen auch unter seinem Schutz. Sie konnten wahrscheinlich kommen und gehen, wie es ihnen beliebte, und die geraubten Waren bei dem Ostfriesenhäuptling lagern und mit Sicherheit auch verkaufen. Inwieweit der Häuptling an den Raubzügen in Form von Beteiligung profitierte, wird indes nicht ganz deutlich.

Aus schierer Einsicht hatte sich Edo Wiemken gegenüber den Hansestädten nicht zu der Versicherung veranlaßt gefühlt, alle Vitalienbrüder seines Landes zu verweisen. Kurz vorher, Ende Juni 1398, war nämlich eine hansische Flotte in den friesischen Raum gelangt und hatte mehrere Burgen ohne Erfolg belagert. Edo Wiemken allerdings mußte sich ergeben, so daß er sich zu seiner Zusage gezwungen sah. Sein Bürge, Graf Christian von Oldenburg, sicherte am selben Tage, dem 4. Juli 1398, den Städten Lübeck, Bremen und Hamburg zu, daß Edo Wiemken die sich bei ihm aufhaltenden Vitalienbrüder sofort wegschicken würde bis auf vier, die sich noch bis Ostern bei Edo aufhalten durften.[184] »Unter den vier bis Ostern 1399 ihm verbleibenden Vitalienbrüdern müssen wir wohl die Anführer von zwei Kontingenten der Vitalienbrüder verstehen, so daß die Söldnertruppen mindestens zum Teil auch in Rüstringen verblieben. Damit war durchaus noch abzuwarten, ob sich das Flottenunternehmen tatsächlich im Frühjahr 1399 auszahlen würde.«[185]

Die Expedition der Hansestädte nach Ostfriesland

Die Flottenfahrt der Hansestädte im Juni 1398 war die erste größere Aktion der Hanse im Raum der Nordsee gegen die Vitalienbrüder überhaupt und konnte allenfalls kurzfristig eine gewisse Beruhigung der Situation bewirken. Das Problem der Seeräuberei in der Nordsee war damit aber noch lange nicht gelöst. Der Hanse drohte dabei nicht nur Gefahr durch die Plünderungen eigener Schiffe, sondern auch durch die Drohungen des englischen Königs, er würde sich für Plünderungen englischer Schiffe durch die Seeräuber am Besitz hansischer Kaufleute in England schadlos halten. So hatten die in Lübeck versammelten Hansestädte bereits am 15. August 1396 ein Schreiben an König Richard II. gerichtet, in dem sie ihn eindringlich baten, seinen Untertanen in London nicht zu gestatten, eigene Verluste, die ihnen von den Seeräubern beigebracht worden waren, durch Konfiszierung hansischen Besitzes auszugleichen, und auch den völlig ungewohnten Zoll wieder einzustellen und bei den alten Rechten des Kaufmanns zu bleiben.[186] Die Hansestädte beteuerten in diesem Brief wiederholt ihre Unschuld an den Seeräubereien und betonten, daß sie selbst noch viel stärker unter den Aktionen der Seeräuber litten als die englischen Kaufleute. Die Drohungen des englischen Königs sind angesichts des dubiosen Verhaltens von Wismar und Rostock – zwei eindeutigen Hansestädten – im Rahmen des mecklenburgisch-dänischen Krieges durchaus verständlich: Aus englischer Sicht nahmen Mitglieder der Hanse an den Aktivitäten der Seeräuber teil und unterstützten sie, womit der Städtegemeinschaft eine Mithaftung an den entstandenen Verlusten zukam.

Es war nicht das letzte Mal in der Geschichte der Hanse, daß ihr eigentümlicher Status große Probleme aufwarf. Die Hanse war eben nicht vergleichbar mit einem zentral regierten Herrschaftsgebiet, in dem der Wille eines Herrschers galt. Lübeck spielte zwar seit einigen Jahren schon eine gewisse Vorreiterrolle im Kreis der Hansestädte, konnte aber keinesfalls irgendeine exekutive Gewalt für sich beanspruchen. Grundlegend für den Zusammenhalt der Hanse war immer das Prinzip der Gleichberechtigung und Autonomie jedes Mitglieds der Gemeinschaft. Dies führte natürlich nicht selten dazu, daß sich einzelne Städte bei der Ausführung von Beschlüssen auf Hansetagen ausgesprochen schwer taten. Die Abwägung zwischen dem häufig nur schwierig zu findenden Gesamtinteresse und dem jeweiligen Einzelinteresse war gewissermaßen die konstitutive und – oft nur scheinbar – labile Grundlage der hansischen Politik vom 13. bis ins 17. Jahrhundert hinein.

Hinzu kam, daß gegen Ende des 14. Jahrhunderts sich die englischen Kaufleute, die »merchant adventurers«, bereits als Konkurrenten der Hanse im Ostseegebiet betätigten, das die Hanse rund zwei Jahrhunderte lang im Grunde als ihr ureigenstes Handelsgebiet angesehen hatte. Den englischen Kaufleuten war daher im Prinzip an der Gegenseitigkeit von Handelsprivilegien gelegen und vor allem in Preußen, wo sie besonders aktiv waren, forderten sie ähnliche Privilegien, wie sie die »Carta mercatoria« den Hansekaufleuten in England einräumte. Da sie aber auf den entschiedenen Widerstand der preußischen Städte, unterstützt vom Hochmeister des Deutschen Ordens, stießen, war die Lage zwischen ihnen und den hansischen Kaufleuten in den achtziger und neunziger Jahren des 14. Jahrhunderts ohnehin gespannt und durch gegenseitige Kaperungen belastet.[187]

Die englischen Kaufleute bedrängten ihren König Richard II., die umfassenden Handelsprivilegien der Hanse in England einzuschränken. In dieser Situation kann es nicht verwundern, daß die Aktionen der Vitalienbrüder der Hanse als Ganzes angelastet wurden.

*

Ansicht der Kirche von Marienhafe vor dem Abbruch 1829, gemalt 1840 von K. L. Meyer, Öl auf Leinwand (Ostfriesisches Landesmuseum, Emden)

Nach der Vertreibung der Vitalienbrüder 1398 aus der Ostsee hatte sich sehr schnell gezeigt, daß sich das Problem der Seeräuberei nur von der Ostsee in die Nordsee verlagert hatte, ohne an Schärfe einzubüßen. Primär war nun nicht mehr Lübeck betroffen, für das der Ostseehandel natürlich viel wichtiger war als der Nordseehandel, sondern Hamburg, aber auch Bremen. Ohne Anstrengungen seitens der Hanse würde jedenfalls das Seeräuberproblem nicht zu lösen sein.

Die Vitalienbrüder hatten sich bei vielen ostfriesischen Häuptlingen festgesetzt. Als hauptsächliche »Heger« der Seeräuber betätigten sich Edo Wiemken, Keno tom Brok, Hisko von Emden und die Cirksenas in Norden und Greetsiel. Wo sich Klaus Störtebeker aufhielt, ist wieder kaum herauszufinden. Allerdings hat sich die Sage darauf festgelegt, daß Störtebeker bei Keno tom Brok, genauer: in Marienhafe, Aufnahme gefunden haben soll. Es gibt durchaus Hinweise, auf die noch einzugehen sein wird, die dafür sprechen, daß Störtebeker sich um 1400 herum im westlichen Ostfriesland aufhielt, so daß das Brokmerland als Aufenthaltsort des Vitalienbruders durchaus infragekommt. Genaueres wissen wir hingegen von dem Aufenthaltsort des Godeke Michels. Im Jahr 1416, also etwa 15 Jahre nach dem Ende Störtebekers und Michels, forderte der Rat von Bremen Graf Moritz von Oldenburg und seinen Rat offensichtlich wegen eines Rechtsstreits auf zu bezeugen, daß sich unter Graf Konrad von Oldenburg, dem Vater des Grafen Moritz, in Oldenburg Vitalienbrüder aufgehalten hatten, was beide auch taten. In dem gewünschten Bestätigungsschreiben wird u. a. auch der Name Godeke Michels erwähnt: »Wir Bürgermeister und der Rat der Stadt Oldenburg bekennen und bezeugen vor jedermann in diesem Brief, daß wir davon wissen, daß unser Herr, Graf Cord, dem Gott gnädig sei, manche Vitalienbrüder geschützt hat, also Godeke Michels und seine Gesellschaft, und in der Gesellschaft war einer, der hieß Otto von Tyne, der kam mit und stellte sich unter ihren Schutz und brachte mit sich Gewänder und anderes Gut, was auf See geraubt worden war, das er in unserer Stadt verkaufte und verspielte.«[188] Weitere Hinweise legen den Schluß nahe, daß Godeke Michels und seine Gesellen auch mit Edo Wiemken in Verbindung standen. Denn in einem späteren Schreiben Wiemkens an Hamburg forderte er die Zurückgabe von Gefangenen, da es sich hier angeblich nicht um Seeräuber handeln würde[189], und führte in diesem Zusammenhang auch Godeke Michels namentlich auf. Also fand Michels ganz offensichtlich wie viele andere Vitalienbrüder auch bei unterschiedlichen ostfriesischen Herren Aufnahme.

In die »große Politik« mischten sich die Vitalienbrüder anders als in der Ostsee, als sie den dortigen kriegführenden Großmächten jahrelang als »Hilfstruppen« zur Verfügung standen, zunächst nicht ein. Sie nahmen nun Anteil an den kleinen regionalen, internen ostfriesischen Fehden und auch an der Auseinandersetzung der Ostfriesen mit dem Grafen von Holland. Einen größeren Zusammenschluß der Vitalienbrüder wie auf Gotland hat es in Ostfriesland nicht gegeben. Aber die Seeräuberei, die sich nun gegen alle und jeden richtete, wie es die Selbsteinschätzung »Gottes Freunde und aller Welt Feinde« ja auch deutlich macht, hatte einen so großen Umfang angenommen, daß die Hanse nicht mehr untätig bleiben konnte. Hinzu kam, daß sich Hamburg und Bremen seit dem Ausspruch der Vitalienbrüder im Jahr 1398, sie seien Gottes Freunde und aller Welt Feinde – mit Ausnahme eben Hamburgs und Bremens – dem Verdacht ausgesetzt sahen, den Vitalienbrüdern Absatzmöglichkeiten für geraubte Waren zu bieten, was zwar wahrscheinlich nicht der Wahrheit entsprach, aber doch im Raum stand.[190] Nur ein energisches Vorgehen der genannten Städte gegen die ostfriesischen Häuptlinge, bei denen die Vitalienbrüder untergekommen waren, konnte diesen Verdacht endgültig zerstreuen.

Am 2. Februar 1400 trafen sich in Lübeck Gesandte aus Lübeck selbst, aus Hamburg, Bremen, Rostock, Stralsund, Wismar, Elbing, Kampen, Deventer, Zutphen und aus Harderwyk.[191] Der Grund ihrer Zusammenkunft lag einzig und allein in der Seeräuberei in der Nord- und Ostsee. Das Protokoll ihrer Zusammenkunft verzeichnet zu Beginn den Satz: »Zuerst sprachen sie über die Vitalienbrüder, die von Keno tom Brok in Friesland unterhalten wurden.« Offensichtlich war Keno vor dem Treffen der Hansestädte zu Ohren gekommen, welcher Verhandlungsgegenstand dort auf der Tagungsordnung stehen würde, oder er mußte mit Gewißheit davon ausgehen, daß sein Verhältnis zu den Vitalienbrüdern in Lübeck zur Sprache kommen würde. Denn er schickte seinen Kaplan Almer dorthin, der die Hansestädte beschwichtigen sollte. Während die hansischen Verhandlungen bereits im Gang waren, erschien Almer auf diesem kleinen Hansetag und erklärte, »daß Keno den Städten Freundschaft anbot und sie bat, ihm nicht zu sehr anzukreiden, daß er die Vitalienbrüder zu sich genommen hatte. Er hätte dies aus eigener schwerer Bedrängnis und der Befürchtung heraus getan, daß er sein Land und seine Güter verlieren würde, und er habe von dem Raubgut der Vitalienbrüder nichts genommen.« Almer versprach den Städten, daß Keno mit den Vitalienbrüdern vollständig brechen würde, wenn sie ihm das Geschehene nicht weiter in Rechnung stellen würden. Ja, Keno würde nicht nur die Vitalienbrüder aus seinem Herrschaftsgebiet ausweisen, sondern auch gegen jeden kämpfen, der die Seeräuber noch weiter bei sich duldete, und sich von nun als treuer Freund der Städte erweisen. Die versammelten Ratssendeboten brachten aufgrund ihrer schlechten Erfahrungen mit den ostfriesischen Häuptlingen den Worten Almers kein sonderliches Vertrauen entgegen. Als der Abgesandte Kenos dann jedoch auf das Heilige Sakrament schwor und noch versicherte, daß er seine Äußerungen in bester Absicht und ohne jeden Betrug und jede Arglist getan hätte, ließen sich die anwesenden Ratssendeboten zu einer moderaten Reaktion bewegen. Zwar beschlossen sie auf dieser Versammlung, eine Flotte von 950 Mann auf elf Koggen zusammenzustellen und in die Nordsee zu schicken (ein Verband von zwei großen und einem kleinen Schiff und 127 Mann sollte in der Ostsee kreuzen). Allerdings stellten sie die Nordseeflotte noch nicht umgehend zusammen, sondern versuchten erst, durch letzte Appelle und Ermahnungen an die Adresse der Ostfriesen und des Grafen Konrad II. von Oldenburg, der bereits 1396 von der Hanse aufgefordert worden war, die bei ihm untergebrachten Vitalienbrüder wegzuschikken, des Seeräuberproblems Herr zu werden.[192] Zwar gibt es keinen eindeutigen Hinweis darauf, daß seitdem der oldenburgische Graf den Seeräubern noch Unterschlupf gewährt hatte, aber endgültig scheint er nicht mit ihnen gebrochen zu haben, wie der Brief der Hansestädte vom 10. Februar 1400 beweist. Denn darin monierten sie, daß trotz aller gegenteiligen Beteuerungen noch immer dieselben Vitalienbrüder in Oldenburg Zuflucht gefunden hätten, und sie beharrten nun auf den früheren Zusagen Konrads, sich der Vitalienbrüder zu entledigen.

Keno tom Brok hatte den Ernst der Lage offenbar erkannt und gelobte bereits am 25. Februar 1400 zusammen mit fünf anderen ostfriesischen Häuptlingen, alles einzuhalten, was sein Abgesandter Almer den Städten auf der Lübecker Versammlung versprochen hatte.[193] Die Hanse schickte den Hamburger Ratsschreiber nach Ostfriesland, um sich aus erster Hand über die dortige Lage zu informieren.[194] Der Ratsschreiber kehrte am 21. März 1400 aus Ostfriesland zurück und berichtete, daß Keno zwar tatsächlich die Vitalienbrüder, die bei ihm Zuflucht gesucht hatten, weggeschickt, aber es – wie beinahe vorherzusehen war –, nicht geschafft hatte, alle anderen ostfriesischen Häuptlinge davon zu überzeugen, auch »ihre« Seeräuber außer Landes zu weisen. Gerade Kenos größte Feinde,

Hisko von Emden und Edo Wiemken, die kaum zwei Jahre vorher den Hansestädten versprochen hatten, sich auf ewig den Vitalienbrüdern zu verschließen, nahmen dankbar die von Keno entlassenen Seeräuber auf, worauf auch Keno diesen Gesellen wieder ein Domizil anbieten mußte, um seinen Gegnern gewachsen zu sein.[195]

Da sich durch die Versprechungen Kenos rein gar nichts am Problem der Vitalienbrüder in Ostfriesland geändert hatte, waren nun die Hansestädte am Ende ihrer Geduld, und Lübeck drängte zur Tat. Aus dem Schreiben Lübecks an die preußischen Städte geht hervor, daß sich Hamburg und Lübeck bereits darauf geeinigt hatten, ihren Anteil an der Anfang Februar verabredeten Flotte zum 11. April 1400 auszurüsten.[196] Neben Bremen, Hamburg und Lübeck sollten auch die preußischen und die flämischen Städte sich an dieser Flotte beteiligen. Von Königin Margarete erwartete man ebenfalls Hilfe, wenn auch zu einem späteren Zeitpunkt. Lübeck machte geltend, daß keine Zeit mehr zu verlieren sei. Tatsächlich setzten die Städte ihren Beschluß nun sofort um. Am 16. April 1400 liefen die lübischen Schiffe unter der Führung der Ratsherren und Schiffshauptleute Henning van Rinteln und Johann Krispin in Richtung Hamburg aus, von wo sie am 22. April gemeinsam nach Ostfriesland aufbrachen. Der überlieferte Bericht der hansischen Schiffshauptleute schildert den Verlauf der Expedition sehr anschaulich, so daß wir ihm von dem Moment an, in dem man von Hamburg aufbrach, ein kleines Stück folgen wollen:

»1. Am 22. April segelten wir von Hamburg ab und kamen am 5. Mai in die Westerems. Am selben Tag vernahmen wir, daß Vitalienbrüder in der Osterems waren. Dorthin schickten wir unsere Freunde, und es half uns Gott, als wir einen Teil von ihnen schnell in unsere Gewalt brachten. 80 von ihnen wurden getötet und über Bord geworfen. Die anderen flohen ans Land. Dann jagten unsere Freunde 18 Vitalienbrüder bis zu einem Schloß eines Friesen, der hieß Hare in der Grete (Haro Cirksena). Mit dem verhandelten wir, bis er sie uns überantwortete. Außerdem übergab uns ein anderer Friese vier Vitalienbrüder, danach fielen uns noch drei in die Hände. Diese 25 wurden am 11. Mai gerichtet. Am 18. Mai wurden neun Vitalienbrüder gerichtet, danach zwei.«[197]

Mit diesem erfolgreichen Auftakt wollte sich die hansische Flotte jedoch nicht zufrieden geben. Nun sollten die durch das machtvolle Auftreten der Hanse bereits eingeschüchterten ostfriesischen Häuptlinge noch nachhaltig bestraft werden. Am 6. Mai 1400 ankerte die Flotte der Hanse im Hafen von Emden und begann Verhandlungen mit Hisko, dem dortigen Propst. »Hier werden wichtige Verhandlungen gepflogen, von hier aus die Nester der Vitalienbrüder teils besetzt, teils zerstört.«[198] Hisko zeigte sich überaus bereitwillig zur Mitarbeit. Stadt und Schloß wurden der hansischen Flotte übereignet. Mitsamt seinen Freunden wolle er, Hisko, der Hanse behilflich sein, wo immer man seiner Hilfe bedürfte. Tatsächlich wurde Emden in den nächsten Tagen und Wochen zur Operationsbasis für die Aktionen der hansischen Truppen. Am 9. Mai übergab Enno Heytes dem hansischen Expeditionskorps das Schloß Larrelt. Am 11. Mai wurden – wie erwähnt – 25 Vitalienbrüder hingerichtet, unter ihnen drei Hauptleute, »der eine war Graf Konrad von Oldenburgs Sohn, sein unehelicher Sohn, der andere hieß Hinrik Holle, der dritte trug den Namen Bartold der Schreiber«.[199] Am 12. Mai mußte das Schloß Loquard zur freien Verfügung übergeben werden. Zwischen Propst Hisko auf der einen und Keno tom Brok sowie Folkmar Allena auf der anderen Seite fanden zwischen dem 16. und 23. Mai 1400 Verhandlungen statt. Das Ergebnis dieser Verhandlungen, die natürlich unter dem Druck der hansischen Invasoren standen, war, daß Keno tom Brok den Turm von Marienfelde abbrechen mußte und das Schloß Wittmund der Hanse zu übergeben hatte. Folkmar Allena mußte anstelle des eigentlich verlangten Schlosses Osterhusen das Schloß Groothusen übergeben. Diese Verhandlungsergebnisse wurden Anfang Juni 1400 in die Tat umgesetzt. Am 14. Juni 1400 wurden die Schlösser Groothusen und Loquard niedergebrannt. Die Schlösser Faldern und Larrelt hingegen wurden noch im Juni Hisko von Emden übergeben, der durch seine taktische List nicht nur glimpflich davongekommen, sondern in gewisser Weise auch der Gewinner der hansischen Expedition auf ostfriesischer Seite war. Zur Zerstörung des Schlosses Loquard merken die hansischen Schiffshauptleute in ihrem Bericht an: »An demselben Tag (14. Juni) brannten wir ein Schloß nieder, das hieß Loquard, wegen der Missetaten der Vitalienbrüder, denen durch den Häuptling

Unterschlupf und Hilfe zuteil wurde, und die nun von uns gerichtet worden sind; und Godeke Michels war noch auf dem Schloß, als wir nach Emden kamen und entfernte sich dann auf der Stelle.« Ähnlich begründet wurde die Zerstörung des Schlosses Groothusen. Auch dort seien Missetaten der Vitalienbrüder durch den ostfriesischen Häuptling unterstützt und ihnen Unterschlupf gewährt worden. Allerdings wurde Häuptling Folkmar Allena zugute gehalten, daß er neun Vitalienbrüder ausgeliefert und geholfen hatte, vier große Schiffe vor Marienhafe zu verbrennen. Es ist durchaus denkbar, daß sich bei den in Groothusen bzw. Marienhafe aufgeschreckten Vitalienbrüdern auch Klaus Störtebeker befunden hatte.

Die von der hansischen Truppe überwältigten Vitalienbrüder wurden nicht immer hingerichtet. Die Schiffshauptleute Henning van Rinteln und Albert Schreye aus Hamburg hielten z. B. am 21. Juni 1400 urkundlich fest, daß sie 25 Seeräuber, ausschließlich friesischer Herkunft, begnadigt hätten.[200] Diese mußten bei allen Heiligen schwören, den Kaufmann weder zu Wasser noch zu Lande jemals wieder zu schädigen. Außerdem sollten sie bei der Verfolgung der übrigen Vitalienbrüder behilflich zu sein.

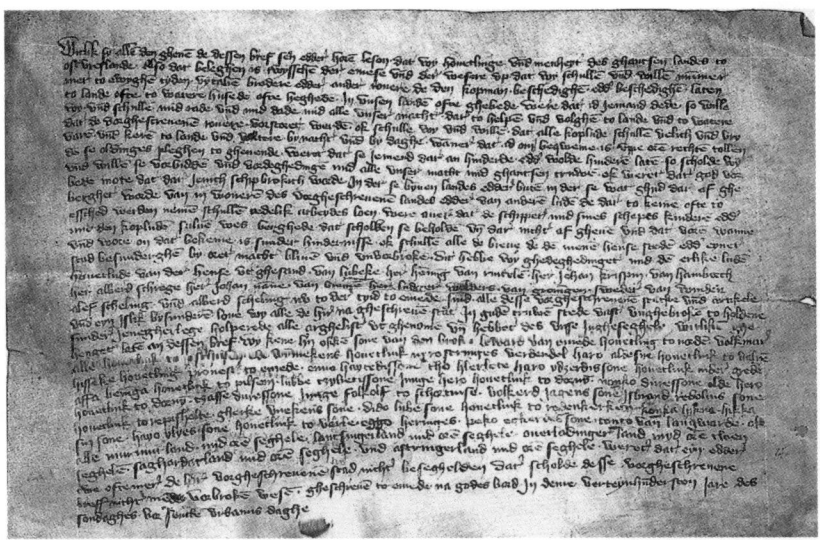

Alle Häuptlinge Ostfrieslands beurkunden, niemals mehr Vitalienbrüder bei sich aufzunehmen und auf die Anwendung des Standrechts zu verzichten; 23. Mai 1400 (Stadtarchiv Lübeck).

Die Expedition der Hansestädte war militärisch ein voller Erfolg. Am 23. Mai 1400 beurkundeten alle Häuptlinge und alle Gemeinden Ostfrieslands – das ist »das Land, das zwischen der Ems und der Weser liegt« –, niemals wieder den Vitalienbrüdern oder anderen Räubern Aufenthalt zu gewähren, die den Kaufmann zu Lande oder zu Wasser schädigen wollten.[201] Mehr noch, sie verzichteten für alle Zukunft auf die Anwendung des Strandrechts, was natürlich ein großer Zugewinn auf die hansischen, aber auch alle anderen Kaufleute war. Denn das Strandrecht besagte, daß die bei Schiffbruch an Land gespülten Güter in den Besitz der Einwohner des jeweiligen Landstriches übergingen. Nunmehr sollten diese Einwohner im Falle eines Schiffsbruchs nur noch einen »gerechten Arbeitslohn« für Hilfeleistung bei der Bergung der Güter erhalten.

Die ostfriesischen Häuptlinge hatten sich gefügt, ein nicht unbeträchtlicher Teil der Vitalienbrüder war getötet, ein anderer Teil begnadigt worden. Was war mit den übrigen geschehen, und wo waren Klaus Störtebecker und Godeke Michels abgeblieben? Zwei Quellen geben über diese Frage Auskunft. Am 6. Mai schrieben die Schiffshauptleute Albrecht Schreye und Johann Nanne an Hamburg, daß sie auf 200 Seeräuber getroffen seien, von denen sie 80 über Bord geworfen hätten. Zwei Hauptleute, Godeke Michels und Wigbold, sollten mit 200 Mann nach Norwegen gesegelt sein.[202] Die zweite Urkunde stammt von Herzog Albrecht von Holland. Am 15. August 1400 beurkundete er einen mit den Vitalienbrüdern geschlossenen Vertrag.[203] Diesem Vertrag zufolge nahm Albrecht 114 Vitalienbrüder auf und stellte sie unter seinen Schutz. Namentlich erwähnt werden acht Hauptleute, unter ihnen ein Johan Stortebeker. Nach diesen beiden Quellen wären also gut 300 Vitalienbrüder aus Ostfriesland geflohen, und zwar nach Norwegen und nach Holland, knapp hundert weitere im Kampf getötet bzw. hingerichtet worden. Da die Anzahl der von Ostfriesland aus operierenden Vitalienbrüder immer auf rund 400 geschätzt wird, müßte man davon ausgehen, daß sie annähernd allesamt das Land verlassen hatten oder tot waren – was aber, wie die nächsten Monate zeigen sollten, nicht stimmte. Mit großer Wahrscheinlichkeit hatten die Vitalienbrüder unter den Ostfriesen neue Gefolgsleute und Mitstreiter gefunden.

Die nach Norwegen geflohenen Seeräuber standen unter der Führung Godeke Michels und Wigbolds; unter den Führern der Vitalienbrüder, die sich nach Holland gewandt hatten, befand sich ein Johan Stortebeker. Ist dieser Mann identisch mit Klaus Störtebeker? Karl Koppmann stellt dazu in seinem bekannten Aufsatz *Der Seeräuber Klaus Störtebeker in Geschichte und Sage* folgendes fest:

»Diese enge Verbindung Störtebekers mit Gödeke Michels macht bei dem Umstande, dass Störtebeker immer nach Gödeke Michels genannt wird, die Vermuthung wahrscheinlich, dass sich Störtebeker auch im Jahr 1400 mit Gödeke Michels zusammen in Loquard aufgehalten und mit ihm nach Norwegen geflüchtet habe, zumal da auch die Zahl von 200 Vitalienbrüdern im Allgemeinen besser für zwei Schiffe als für ein Schiff passen würde, und im Besonderen denjenigen Angaben entspricht, welche wir über die Bemannung der beiden den Hamburgern in die Hände gefallenen Seeräuberschiffe besitzen.«[204]

Dieser Überlegung Koppmanns stehen doch schwerwiegende Einwände entgegen. Aus dem Bericht von Albert Schreye und Johann Nanne vom 6. Mai 1400 wissen wir ja, daß Godeke Michels nicht der einzige Hauptmann war, der den Seeräuberhaufen nach Norwegen führte. Mit ihm segelte Wigbold, der bereits 1395 als einer der vier Hauptleute der Vitalienbrüder genannt wird, die damals ihr Betätigungsfeld aus der Ostsee an die ostfriesische Nordseeküste verlegten. Insofern hätte Koppmann recht, als mit einiger Sicherheit zwei Schiffe nach Norwegen fuhren, die jeweils hundert Vitalienbrüder an Bord hatten. Bloß wurde das eine Schiff von Godeke Michels, das andere von Wigbold befehligt. Ein weiterer Einwand gegen seine Argumentation ergibt sich, wenn man den Vertrag des Herzogs von Holland vom 15. August 1400 in den Blick nimmt, in dem die Aufnahme von 114 Vitalienbrüdern beurkundet wird, unter denen sich, namentlich genannt, ein Hauptmann namens Johan Stortebeker befand. Es spricht viel dafür, daß wir es bei diesem Hauptmann mit Klaus Störtebeker zu tun haben. Es ist äußerst unwahrscheinlich, daß sich in der ostfriesischen Zeit der Vitalienbrüder ein weiterer Anführer mit dem Namen des schon seit einigen Jahren nachweisbaren Klaus Störtebeker in den Vordergrund geschoben hat. Einerseits ist der Name Störtebeker doch sehr selten, so daß der Zufall hier schon eine große Rolle gespielt haben müßte, andererseits zeigen die schriftlichen Quellen deutlich, daß die friesischen Namen unter den Vitalienbrüdern, die sich um 1400 in Ostfriesland aufhielten, dominierten und der mecklenburgische Anteil unter ihnen stark zurückgegangen war. Das muß natürlich nicht unbedingt für die Seeräuber gelten, die sich nach der hansischen Invasion nach Norwegen und Holland aufgemacht haben. Es könnte durchaus sein, daß die Hauptleute in erster Linie ihre aus der Ostsee mitgenommenen alten Kumpane, unter denen sich viele Mecklenburger befanden, um sich geschart hatten und mit diesen dann die Flucht antraten. Aber unter diesen zwischen 1395 und 1398 aus der Ostsee in die Nordsee übergewechselten Vitalienbrüdern findet sich keine Spur eines zweiten Störtebeker mit dem Vornamen Johan.

Es ist im späten Mittelalter überhaupt keine Seltenheit, daß sich in der schriftlichen Überlieferung bei der Nennung von Vornamen mehrmals genannter Personen Ungenauigkeiten einschlichen. Das läßt sich sogar für Angehörige des Stadtpatriziats in allen Hansestädten nachweisen. Störtebeker war zudem um 1400 noch alles andere als eine berühmte Persönlichkeit. Seine große Bekanntheit und seine Stellung in der deutschen Legende hat er erst später, nach seinem Tod erhalten. Also wird Herzog Albrecht von Holland ganz einfach den Vornamen Störtebekers in der Urkunde vom 15. August 1400 verwechselt und Johan statt Klaus geschrieben haben. Auch die späteren Ereignisse zeigen, wie wir noch sehen werden, daß Störtebeker und Michels getrennt vorgingen. D.h. wenn Störtebeker und Michels, wie es Koppmann annimmt, wirklich gemeinsam nach Norwegen aufgebrochen sind, dann haben sie sich sehr schnell wieder getrennt, um eigene Wege zu gehen. Viel wahrscheinlicher ist jedoch die Version, nach der Störtebeker mit seinem Seeräuberhaufen nach Holland ging und Michels mit seinen Leuten nach Norwegen. Es ist durchaus möglich, daß sie sich bis zu ihrem Ende überhaupt nicht mehr begegnet sind. Am Rande muß hier erwähnt werden, daß es überhaupt keine historisch auswertbaren Zeugnisse über das Verhältnis zwischen den beiden Seeräuberhauptleuten gibt.

Noch einmal zurück zum Zeitpunkt des fluchtartigen Aufbruchs der Vitalienbrüder aus Ostfriesland. Godeke Michels befand sich ja auf Schloß Loquard, als die hansische Flotte im Hafen von Emden ankerte. Etwas weiter nördlich von Loquard auf Schloß Groothusen hielten sich zu dieser Zeit ebenfalls viele Vitalienbrüder auf, von denen längst nicht alle in die Hände der hansischen Truppe fielen. Der große Rest konnte ähnlich wie die auf Loquard sitzenden Seeräuber fliehen. Unter welchem Kommando diese Vitalienbrüder standen, geht aus dem Bericht der hansischen Schiffshauptleute nicht hervor. Da dies der zweite zusammenhängende Seeräuberhaufen war, der die Flucht antreten konnte, und wir nur von zwei Fluchtbewegungen, eben nach Norwegen und Holland, wissen, ist die Vermutung keineswegs abwegig, daß auf Groothusen Klaus Störtebeker saß, der mit anderen Hauptleuten zusammen eine Gruppe von 114 Vitalienbrüdern sofort in das westliche Holland führte, wo sie vom Herzog von Holland aufgenommen wurden. Die Frage, warum Störtebeker im Bericht der hansischen Schiffshauptleute nicht genannt wird, ist recht einfach zu beantworten. Für die Hanse war Godeke Michels der wichtigste und gefährlichste Seeräuberhauptmann. Deshalb hatte man so viel Wert darauf gelegt, gerade diesen in Verwahrung nehmen zu können. Die Verbitterung darüber, daß dies nicht gelang, bekam dann der Ostfriesenhäuptling Sibrand zu spüren, als die hansische Truppe Loquard zur Strafe niederbrannte. Auch Groothusen wurde aus ähnlichem Grund niedergebrannt. Zwar war der Hanse hier nicht eine von ihr besonders gesuchte Person entgangen, aber eine ansehnliche Gruppe von Vitalienbrüdern, die auf diesem Schloß aufgenommen worden war. Aber es kann keinen Zweifel geben, daß der Hanse zu dem Zeitpunkt ihrer Invasion in Ostfriesland Godeke Michels als der große Anführer der Vitalienbrüder galt – und nicht etwa Klaus Störtebeker, der allenfalls als einer von vielen Hauptleuten bekannt war.

Der Kampf vor Helgoland und auf der Weser

Was hatten die Hansestädte mit ihrer Expedition gegen die ostfriesische Küste erreicht? Militärisch war diese Aktion sicher ein Erfolg, was auch bei der militärischen Überlegenheit des hansischen Aufgebots nicht anders erwartet werden konnte; selbst die Sonderrolle, die Bremen in diesem Feldzug spielte, beeinträchtigte das Unternehmen nicht nachhaltig.[205] Der hansischen Truppe stand ja nicht die geschlossene Macht einer ostfriesischen Landesherrschaft gegenüber[206], sondern die zersplitterten Kräfte eines Territoriums, in dem mehr als zwanzig Häuptlinge herrschten und sich gegenseitig neutralisierten. Was für den militärischen Ausgang des Unternehmens vom Frühjahr 1400 von großem Vorteil war, stellte sich aber im nachhinein für die weitere Bekämpfung der Vitalienbrüder als schwerwiegender Nachteil heraus. Die »in der Herrschaftsbildung konkurrierende(n) Häuptlingsfamilien, die auf Koalition und Koalitionswechsel mit auswärtigen Landesherren angewiesen«[207] waren, griffen in diesem permanenten Ringen um die Herrschaft oder ums nackte Überleben immer wieder auf die sich anbietenden Vitalienbrüder als Hilfstruppen zurück. Den Hansestädten war es auch durch ihre Expedition nicht gelungen, für einen dauerhaften Frieden zwischen den ostfriesischen Häuptlingen zu sorgen. Hier wirkte sich die eigene Politik, die Bremen verfolgte, fatal aus. Offiziell trug Bremen die Politik Hamburgs und Lübecks gegen die Vitalienbrüder in Ostfriesland mit, ließ dieser Haltung aber keine Taten folgen und scheint insgeheim noch einzelne ostfriesische Häuptlinge gegen Hamburg und Lübeck unterstützt zu haben. Außerdem führte die enge Kooperation der Hansestädte mit Hisko von Emden nur dazu, dem Herzog von Holland die Vitalienbrüder in die Arme zu treiben.[208] Und wenn die Hansestädte schließlich gehofft hatten, mit ihrer schnell durchgeführten Aktion annähernd alle Vitalienbrüder fangen oder töten zu können, dann erwiesen sich diese Hoffnungen als verfehlt. Dem Hauptteil der Seeräuber gelang mit Hilfe der ihnen Unterschlupf gewährenden ostfriesischen Häuptlinge die Flucht. Von der abschreckenden Wirkung ihrer Expedition konnte sich die Hanse ebenfalls nicht viel versprechen. Die Existenzgrund-

Seekrieg auf Koggen. Illustration in einer englischen Handschrift des frühen 14. Jahrhunderts (The British Library, London)

lage der Vitalienbrüder, insbesondere derer, die am Kaperkrieg in der Ostsee bereits teilgenommen hatten, war und blieb die Seeräuberei mit allen ihren Risiken.

Zufrieden waren die Hansestädte, vor allem Hamburg, mit dem Ergebnis der Expedition nicht. Die Lösung der Seeräuberfrage schien in der Vernichtung der beiden Seeräuberhaufen, die nach Holland und Norwegen ausgewichen waren, zu liegen – zumal jedermann klar war, daß die geflohenen Vitalienbrüder sich in dem Moment, in dem die hansische Flotte den Rückweg antrat, wieder in Richtung Ostfriesland in Bewegung setzen würden. Einen Augenblick hatten die Schiffshauptleute daran gedacht, die nach Norwegen geflohenen Vitalienbrüder zu verfolgen und eine Strafexpedition gegen Edo Wiemken durchzuführen, bevor sie aus Mangel an Lebensmitteln und wegen der Ansetzung eines Hansetages in Hamburg für den 21. Juli 1400 zu dem Schluß kamen, Ostfriesland wieder zu verlassen.[209] Ende Juni 1400 brach die hansische Flotte auf und lief am 2. Juli im Hamburger Hafen ein.[210] Aus dem Einladungsschreiben Lübecks und Hamburgs an die preußischen Bundesgenossen zum Hamburger Städtetag geht hervor, daß die Städte tatsächlich beschlossen hatten, die nach Norwegen ausgewichenen Seeräuber zu verfolgen, aber von diesem Beschluß wieder abgekommen waren, weil die Schiffshauptleute vor den Städten in Hamburg über den Verlauf der hansischen Expedition berichten sollten. Eine neue Expedition von der Elbe aus nach Norwegen zu schicken, schien Lübeck und Hamburg in diesem Jahr nicht mehr möglich zu sein. Stattdessen baten beide in einem Schreiben an die norwegische Königin – immer noch Margarete –, den Ritter Abraham Brodersson, einen Vertrauten der Königin, damit zu beauftragen, die Vitalienbrüder in Norwegen zu bekämpfen. Daß die beiden Städte keine neue Flotte nach Norwegen auslaufen lassen wollten, hat seinen Grund sicherlich nicht nur in der vorgerückten Jahreszeit, sondern auch darin, daß die Kosten für ein solches Unternehmen sehr hoch waren. 9350 Mark lübisch hatte die Expedition nach Ostfriesland gekostet.[211]

Richten wir den Blick auf die übriggebliebenen Vitalienbrüder, die nicht nach Norwegen geflohen waren. Ein weiterer Seeräuberhaufen, dem wahrscheinlich auch Klaus Störtebeker angehörte, war ja nach Holland geflohen und hatte beim dortigen Herzog Albrecht Aufnahme gefunden. Daneben gab es mindestens noch einen dritten nennenswerten Seeräuberhaufen, der allerdings nicht das Land verlassen, sondern von Graf Konrad von Oldenburg aufgenommen worden war. Am 11. November 1400 nahm Herzog Albrecht von Holland zum zweitenmal Vitalienbrüder, dieses Mal ungefähr 150, die sich beim Grafen von Oldenburg aufgehalten hatten, in seinen Schutz, gab ihnen sicheres Geleit und erlaubte ihnen den Aufenthalt in seiner Stadt Staveren, um seine Feinde zu schädigen.[212] Diese Feinde werden namentlich genannt: die Ostfriesen von Ostergo und Westergo, das sind die westlichen Landesteile von Ostfriesland, an der Zuidersee bzw. in ihrer Nähe gelegen, die von Groningen, die von Hamburg und diejenigen, die auf der anderen Seite der Zuidersee liegen und die »mit Recht« vom holländischen Herzog befehdet werden. Der Brief Albrechts von Holland ist nichts anderes als ein Kaperbrief, der belegt, daß die Vitalienbrüder in der konfliktträchtigen Zeit um 1400 im ostfriesischen und holländischen Gebiet kaum »arbeitslos« werden konnten. Knapp 300 Vitalienbrüder hielten sich also nach der ostfriesischen Expedition der Hanse im Frühjahr 1400 beim Herzog von Holland auf, rund 200 waren nach Norwegen gegangen. Wieviele Vitalienbrüder sich noch in Ostfriesland herumtrieben, ist nicht bekannt, aber wir dürfen durchaus vermuten, daß einige auch bei Edo Wiemken Unterschlupf gefunden hatten.

Für die Rekonstruktion der nun folgenden Ereignisse der Jahre 1400 und 1401, in denen für Godeke Michels und Klaus Störtebeker das Ende kam, stellt sich der Mangel an chronikalischen Überlieferungen für Hamburg als fatal heraus.[213] Ein ganz genaues Bild von der Abfolge der Ereignisse läßt sich daher leider nicht gewinnen. Die Unklarheiten beginnen schon bei der Datierung. Als Todesjahre der beiden berühmten Seeräuberhäuptlinge werden die Jahre 1400 bis 1403 angeboten. Die letzte Interpretation aus dem Jahr 1980 meint beweisen zu können, daß Störtebeker 1400 und Godeke Michels 1401 hingerichtet wurden.[214] Lange ist die Forschung auch davon ausgegangen, daß Störtebeker und Michels in einem Kampf gefangen und zusammen hingerichtet wurden, was aber inzwischen als widerlegt gelten kann. Auf jeden Fall ist das Ende der beiden Vitalienbrüder der Anfang einer bis in unsere Tage reichenden Legendenbildung gewesen, in der neben den beiden Seeräuberhauptleuten die Stadt Hamburg eine herausragende Rolle spielt, die ihr allerdings auch von der historischen Quellenlage her zukommt. Eine schlüssige und alle verfügbaren Schriftquellen einbeziehende Darstellung von den entscheidenden Kämpfen gegen Michels und Störtebeker hat Karl Koppmann in seinem bereits angeführten Aufsatz gegeben, der hier mit Ausnahme eines – allerdings wichtigen – Punktes zu folgen sein wird.

Noch einmal zurück zum Monat Juli im Jahr 1400. Nach dem Abschluß der hansischen Expedition war allen Beteiligten bewußt, daß damit das Problem der Vitalienbrüder keinesfalls aus der Welt geschafft war. Insbesondere die Hamburger mußten weitere Störungen des Handels ihrer Englandfahrer befürchten und vor allem Anstoß daran nehmen, daß ausgerechnet der Herzog von Holland die Seeräuber unterstützte. »Das gespannte Verhältnis, in dem die Hansestädte schon lange zu Holland gestanden hatten, war in bezug auf Hamburg und Holland schon i.J. 1400 in offenen Krieg übergegangen.«[215] Diesem Konflikt lag wiederum der enorme wirtschaftliche Aufschwung der holländischen Küstenstädte in der zweiten Hälfte des 14. Jahrhunderts zugrunde, der sich in der ersten Hälfte des

15. Jahrhunderts noch fortsetzen sollte. Die Holländer machten sich in vielen handelspolitischen Fragen die Methoden der Hanse zu eigen, und es hatte bald den Anschein, als ob sie die Hanse mit deren eigenen Mitteln schlagen würden. Denn natürlich waren die Holländer bei der Ausdehnung ihres Handels angesichts ihrer geographischen Lage auf dieselben Handelsgebiete angewiesen wie die Hanse. So wurden die holländischen Küstenstädte vor allem für Lübeck und Hamburg zu ernsthaften und höchst unwillkommenen Konkurrenten in Ost- und Nordsee. Besonders ärgerlich war es für beide, daß es den Holländern gelang, mit den preußischen Hansestädten ein sehr gutes Einvernehmen zu erzielen und den gemeinsamen Handel auf eine eigene, außerhalb des hansischen Einflusses liegende Grundlage zu stellen. Die preußischen Städte erschlossen sich dadurch einerseits neue Absatzgebiete im Westen für ihre zunehmende Warenproduktion und verminderten andererseits den starken Einfluß der wendischen Bundesgenossen auf ihren eigenen Handel und Verkehr.[216]

Vor diesem Hintergrund wird die scharfe Note, die Hamburg am 18. Oktober 1400 an die preußischen Städte sandte, verständlich.[217] In diesem Brief prangert Hamburg die Übergriffe der Holländer auf hamburgische Schiffe und Waren an, zeigt sich informiert darüber, daß die preußischen Kaufleute einen intensiven Handel mit den holländischen Städten pflegten, und warnt sie davor, diesen aufrechtzuerhalten, solange Hamburg sich im Konflikt mit den Holländern befände. Andernfalls könne Schaden von den preußischen Städten kaum ferngehalten werden. Man meint aus diesem Schreiben die ganze Verbitterung der Hamburger über das Verhalten der eigentlich verbündeten preußischen Hansestädte herauszuhören.

Es ist, wie schon erwähnt, nicht einfach zu erkennen, wie sich das Seeräuberproblem nach der Ostfrieslandexpedition der Hanse weiterentwickelt hat. Den zuverlässigsten Hinweis auf diese Entwicklung entnehmen wir den Hamburger Kämmereirechnungen, in denen zum Jahr 1401 folgendes notiert ist: »Ad reysam dominorum Hermanni Langhen et Nicolai Schoken, in Hilghelande, de anno preterito contra Vitalienses: summa 57 Pfund.«[218] Also: »Für die Reise der Herren Hermann Lange und Nikolaus Schoken nach Helgoland im vergangenen Jahr gegen die Vitalienbrüder: zusammen 57 Pfund.« Diese nüchterne Notiz faßt auf zwei Zeilen den Sieg über Klaus Störtebeker zusammen. Denn in der Lübecker Rufus-Chronik können wir folgendes lesen:

»In demselben Jahr fochten die Englandfahrer der Stadt Hamburg auf der See mit den Seeräubern, die sich Vitalienbrüder nannten, und konnten sie besiegen. Ungefähr 40 von ihnen schlugen sie tot bei Helgoland und 70 fingen sie. Diese brachten sie mit nach Hamburg und ließen ihnen allen die Köpfe abschlagen; ihre Köpfe setzten sie auf eine Wiese an der Elbe als Zeichen dafür, daß sie auf dem Meer geraubt hatten. Die Hauptleute dieser Vitalienbrüder hießen Wichmann und Klaus Störtebeker.«[219]

Diese chronikalische Notiz aus Lübeck und die Eintragung aus den Hamburger Kämmereirechnungen werden in der Forschung im allgemeinen zusammengebracht, womit die nüchterne Kostenauflistung des Unternehmens »Helgoland« ihre notwendige Ergänzung und Erklärung erhält. Auffälligerweise wird der Name Klaus Störtebeker in den Kämmereirechnungen überhaupt nicht erwähnt, während in den nachfolgenden Eintragungen mehrfach der Name Godeke Michels fällt – was ein weiterer Beweis dafür wäre, daß in Hamburg der Eindruck vorherrschte, in Godeke Michels den namhaftesten Vitalienbrüderhauptmann der Zeit vor sich zu haben, namhafter zumindest als Klaus Störtebeker.

Wie sind die beiden Quellentexte zu bewerten, was läßt sich für die Geschichte der Vitalienbrüder aus ihnen schließen? Eine Zeitbestimmung, die sozusagen als »archimedischer Punkt« zu gelten hat, findet sich in der Eintragung der Hamburger Kämmereirechnungen von 1401, wo vom »vergangenen Jahr« die Rede ist – das kann demnach nur heißen: im Jahr 1400.[220] Was hat sich also direkt nach der Expedition der Hansestädte nach Ostfriesland zugetragen? Der Mangel an Schriftquellen läßt Raum für Vermutungen und Theorien. Aus dem Schreiben der Städte Lübeck und Hamburg an die preußischen Städte am 4. Juli 1400 kann man schließen, daß die beiden Städte sich zwar darüber im klaren waren, mit dem Kampf gegen die Vitalienbrüder noch nicht fertig zu sein, aber im laufenden Jahr keinen kostenträchtigen Feldzug mehr unternehmen zu wollen. Irgendein Ereignis muß zumindest die Stadt Hamburg bewogen haben, in der zweiten Jahreshälfte des Jahres 1400 doch noch eine Fahrt gegen die Vitalienbrüder auszurüsten und durchzuführen. Als Erklärung bietet sich der in diesen Monaten zu einem heftigen Konflikt entwickelnde Streit mit Holland an. Am 15. August 1400 urkundete ja Herzog Albrecht von Holland über die Aufnahme von 114 Vitalienbrüdern, unter ihnen »Johann« Störtebeker, die von nun an auf seiner Seite gegen alle diejenigen kämpfen würden, mit denen er in Fehde lag. Hamburg befand sich sogar unter den namentlich genannten Feinden. Es ist nicht nur denkbar, sondern sogar wahrscheinlich, daß Hamburg von dem Bündnis des Holländers mit den Vitalienbrüdern erfuhr. Die nach Norwegen gezogenen Seeräuber waren zunächst einmal weit weg, denen konnte man sich später widmen. Aber die Nachricht von dieser Verbindung jenseits des Dollarts muß in Hamburg zu großer Unruhe und zu dem Entschluß geführt haben, sofort etwas dagegen zu unternehmen. Und wir erinnern uns: Am 11. November 1400 stellte Albrecht von Holland einer weiteren Schar von Vitalienbrüdern einen Kaperbrief aus. Nun verbündete er sich mit denen, die beim Grafen von Oldenburg untergekommen waren. Von etwa 150 Mann ist in der Urkunde die Rede.

Könnte dies darauf hinweisen, daß der Hamburger Zug gegen die Vitalienbrüder zwischen dem 15. August und dem 11. November 1400 stattgefunden hat? 80 Mann nahmen die Hamburger dabei gefangen, und ungefähr 40 kamen in der Schlacht bei Helgoland ums Leben. Das entspricht fast genau der Anzahl von Vitalienbrüdern, mit denen sich Albrecht von Holland am 15. August verbündet hatte – was bedeuten würde, daß genau diese Mannschaft unter Führung Störtebekers wahrscheinlich in Absprache mit dem holländischen Herzog nach Helgoland gesegelt ist, um von dort aus die Englandroute der Hamburger zu bedrohen. Nach der schnellen Vernichtung der Vitalienbrüder in der Schlacht bei Helgoland sah sich Herzog Albrecht nach neuen Bundesgenossen unter den Vitalienbrüdern um. Godeke Michels saß mit seinen Mannen aller Wahrscheinlichkeit nach noch immer in Norwegen, wo er wohl auch den Winter zubrachte, so daß er für holländische Zwecke nicht zu gewinnen war. Der Krieg gegen Hamburg aber war im Gange und machte es nötig, Verstärkung zu bekommen. So nahm Albrecht mit den sich bei Konrad von Oldenburg aufhaltenden Vitalienbrüdern Verbindung auf und schloß mit ihnen einen ähnlichen Vertrag wie am 15. August 1400 mit ihren Kumpanen – wobei abermals Hamburg als Feind namentlich aufgeführt wird.

Auch wenn es sich nicht lückenlos beweisen läßt, daß sich die Dinge so zugetragen haben wie eben beschrieben, kommt dieser Interpretation doch eine gewisse Schlüssigkeit zu. Dann wäre die Wahl Helgolands als Ausgangspunkt für die Unternehmungen der Vitalienbrüder nicht in erster Linie ökonomisch begründet – von dort aus konnte reiche Beute gemacht werden –, sondern als strategischer Schachzug des holländischen Herzogs im Krieg gegen Hamburg zu werten. Die Störung des Englandhandels mußte Hamburg geradezu an der empfindlichsten Stelle treffen. Die Beutezüge der Vitalienbrüder von Helgoland aus wären dann auch nicht mehr als bloße Raubzüge anzusehen, sondern als Kaperfahrten von Verbündeten eines im Krieg mit einer anderen Macht liegenden Landes.

Helgoland, 1713, Zeichnung

Auf Helgoland konnten sich die Vitalienbrüder übrigens deswegen ohne weiteres niederlassen, weil die Insel in enger Verbindung zu einzelnen ostfriesischen Häuptlingen stand, die den Vitalienbrüdern nicht feindlich gesonnen waren.[221]

Störtebeker hat sich also aller Wahrscheinlichkeit nach mit seiner Mannschaft und den übrigen Hauptleuten nur kurz beim Herzog von Holland aufgehalten und bereits im Sommer 1400 auf der Insel Helgoland Stellung bezogen, was sich natürlich sehr schnell in Hamburg herumgesprochen haben muß. Warum die Vitalienbrüder das große Risiko eingingen, sich so provozierend dicht an Hamburg heranzuwagen und von Helgoland aus den Kaperkrieg gegen die Hansestadt zu führen, kann nur vermutet werden. Sie hatten sich schließlich gerade erst knapp vor der hansischen Truppe in Sicherheit bringen können. Vielleicht rechnete Störtebeker nach der aufwendigen Expedition der Hansestädte im Frühjahr 1400 nicht mehr mit einer weiteren ernsthaften Aktion Hamburgs noch im selben Jahr. Oder war das Vertrauen auf die eigene Stärke und möglicherweise auf die Hilfe der Holländer so groß, daß die Vitalienbrüder meinten, das Risiko ruhig eingehen zu können? Man muß sich natürlich vor Augen halten, daß mit Klaus Störtebeker ein Hauptmann auf Helgoland Quartier bezog, der seit 1394 nachweislich Seeraub betrieb und noch nie gefaßt worden war. Er hatte alle wichtigen Episoden in der Geschichte der Vitalienbrüder miterlebt. Es ist nicht nur gut vorstellbar, sondern sogar sehr wahrscheinlich, daß dem »altgedienten« Anführer Klaus Störtebeker schon zu seinen Lebzeiten ein gewisser Mythos anhaftete: der Mythos von Unbesiegbarkeit und Glück. Äußerungen seiner Zeitgenossen gibt es aber darüber nicht, so daß diese Annahme eine Spekulation bleiben muß.

Sollten die Vitalienbrüder mit einer Reaktion der Hamburger im Jahr 1400 nicht mehr gerechnet haben, so stellte sich diese Annahme jedenfalls als großer Irrtum heraus. Die Hamburger handelten schnell und entschlossen. Unter der Führung der Ratsherren Hermann Lange und Nikolaus Schoke stach in den Tagen nach dem 15. August 1400 eine Hamburger Flotte mit dem Ziel Helgoland in See. Wie die Seeschlacht verlief, ist durch keine zuverlässige historische Quelle überliefert – Raum genug also für eine sagenhafte Ausschmückung dieses Kampfes, die den Mythos der Unbesiegbarkeit Störtebekers aufnimmt, indem nur ein Verrat in den eigenen Reihen den großen »capitaneus« der Vitalienbrüder zu Fall bringen kann. Die Wahrheit wird sein, daß die Flotte der Hamburger größer war als die der Vitalienbrüder und sie sich außerdem das Überraschungsmoment des unverhofften Angriffs zunutze machen konnte. Mehr Licht in das Dunkel um diese Seeschlacht wird kaum zu bringen sein, da die Quellen fehlen und auch keine Hoffnung auf die Entdeckung neuer aussagekräftiger Quellen besteht. Außer den in den späteren Chroniken immer wieder erwähnten 80 Gefangenen brachten die Hamburger den »mittleren Holk« des Klaus Störtebeker mit nach Hause, wo Hermann Lange und Nikolaus Schoke noch 16 Pfund Erlös aus dem Verkauf der Masten und anderer Holzteile aus diesem Holk erzielten.[222] Der Holk, so ist hier anzufügen, hatte um 1400 bereits die legendäre Kogge als Schiffstyp abgelöst. Was die Überlegenheit des Holk gegenüber der Kogge, mit der die Hanse groß geworden war, ausmachte, ist nicht eindeutig festzustellen. Die um 1400 benutzten Holkschiffe boten nach unserem Wissen kaum mehr Ladefläche als die Kogge. Man vermutet, daß der Holk »schiffbauliche Konstruktionsmerkmale besaß, die ihn für Langfahrten in unterschiedlichen Gewässern und Klimazonen geeigneter machte«.[223]

Die Sage weiß zu berichten, daß die Schlacht bei Helgoland vor allem von Simon von Utrecht und seinem Schiff, genannt »Bunte Kuh«, für die Hamburger gewonnen wurde. Auch Karl Koppmann hält es in seinem Störtebeker-Aufsatz immerhin für möglich, daß Simon von Utrecht an dieser Schlacht teilgenommen hat.[224] Sollte allerdings die Annahme richtig sein, daß die Schlacht bei Helgoland bereits im Jahr 1400 geschlagen wurde, wovon Koppmann später ja auch ausgegangen ist, dann konnte Simon von Utrecht zumindest mit der Bunten Kuh nicht an ihr beteiligt gewesen sein. Eine Notiz in den Hamburger Kämmereirechnungen beweist unzweideutig, daß die Bunte Kuh erst im Jahr 1401 fertiggestellt wurde, aber in dem Jahr auch schon zum Einsatz kam.[225] Hier wird nämlich berichtet, daß 1401 für den Bau der Schiffe Simons von Utrecht und der Bunten Kuh sowie den Einsatz der letzteren 95 und ein halbes Pfund und fünf Schillinge ausgegeben wurden. Die Bunte Kuh konnte also im Jahr 1400 noch gar nicht vor Helgoland dabei sein. Außerdem geht aus dieser Eintragung hervor, daß sie nicht Simon von Utrechts Schiff war.

Wie ging es aber nach der Überwindung der Vitalienbrüder bei Helgoland weiter? In der Rufus-Chronik heißt es ja, daß in der Schlacht 40 Vitalienbrüder getötet und 70 als Gefangene nach Hamburg zurückgebracht und hingerichtet worden waren. Wann genau hat die Hinrichtung stattgefunden? Auf diese Frage gibt eine andere Quelle, die Hamburgische Chronik von 1457, Auskunft: »Anno 1402 ward Wichman unde Stortebeker afgehouwen altohant na Feliciani.«[226] Demzufolge wurden die Köpfe Wichmanns und Störtebekers im Jahr 1402 abgehauen, aber jenes Jahr kommt als Hinrichtungsdatum, wie Koppmann bereits nachgewiesen hat, nicht in Frage. Als glaubwürdig wird allerdings die Angabe »nach Feliciani« angesehen – das wäre unmittelbar nach dem 20. Oktober, vielleicht schon am 21. Oktober – denn die Hamburger Expedition nach Helgoland hat ja, wie gezeigt, wahrscheinlich erst nach dem 15. August 1400 stattgefunden und war wahrscheinlich nach wenigen Tagen schon wieder beendet. Lang wird man dann mit der Hinrichtung der Vitalienbrüder, wie man es auch aus anderen Fällen kennt, nicht gewartet haben.[227] »Bürgerliches Gericht gewährte man den Räubern nicht.«[228] Wäre Störtebeker, früheren Annahmen gemäß, erst im Februar 1401 überwältigt worden, müßte man eine Erklärung dafür suchen, warum die Hamburger ihn und seine Mannschaft noch über ein halbes Jahr gefangen hielten und dann erst hinrichteten.[229] Die Unterbringung und Verpflegung von Gefangenen, deren Hinrichtung ohnehin feststand, kostete doch nur unnötiges Geld.

Da Hinrichtungen ebenfalls Geld kosteten, wurden sie in der Regel exakt in den städtischen Kämmereirechnungen festgehalten. Und tatsächlich weisen diese Rechnungen der Stadt Hamburg für das Jahr 1400, in dem Störtebeker und seine Mannschaft vermutlich ihr Ende gefunden haben, eine Eintragung auf: »1 Pfund Knokere ad faciendum foveam pro Vitaliensibus decollatis. 12 Pfund bedello ad decollandum 30 Vitalienses.«[230] Das heißt: »1 Pfund an Knoker für das Ausheben einer Grube für enthauptete Vitalienbrüder. 12 Pfund dem Büttel für die Enthauptung von 30 Vitalienbrüdern.« 30 Vitalienbrüder sind also im Jahr 1400 in Hamburg hingerichtet worden, wofür der namentlich nicht genannte Büttel pro Kopf acht Schillinge, insgesamt 12 Pfund, erhielt, während sein Helfer Knoker sich für das Ausheben der Grube mit einem Pfund zufriedengeben mußte. Eine im Original nicht mehr vorhandene Notiz sagt auch etwas über das den Hinrichtungen vorausgehende Verfahren aus: »Knipere 32 sol. pro querela Vitaliensium«, also: »Kniper 32 Schillinge für die Anklage gegen die Vitalienbrüder«.[231] Hinter dieser Aussage verbirgt sich wahrscheinlich »die Abfassung der peinlichen Klage«.[232] Unter der peinlichen Befragung hat man sich in Inquisitionsprozessen die letzte unter der Folter an den Angeklagten gestellte Frage nach seinem Geständnis vorzustellen. Im Fall der Vitalienbrüder in Hamburger Verwahrung wird es sich ebenfalls um Befragungen unter der Folter gehandelt haben.

Die Chronisten des 15. und 16. Jahrhunderts haben geltend gemacht, in Hamburg seien mit Klaus Störtebeker 70 Vitalienbrüder hingerichtet worden. Das ist offenkundig falsch – oder zumindest irreführend. Äußerstenfalls haben Nikolaus Schoke und Hermann Lange bei Helgoland 70 Gefangene gemacht, von denen möglicherweise »einige Personen vor dem Hinrichtungstermin an Verwundungen oder wegen der Mißhandlungen gestorben sein können«.[233] Es ist auch nicht völlig ausgeschlossen, daß einige der Vitalienbrüder begnadigt wurden. Auch während der Expedition der Hansestädte nach Ostfriesland hatte es ja das Nebeneinander von Hinrichtungen und Begnadigungen gegeben. Überhaupt nicht die Rede ist in den Notizen der Hamburger Kämmereirechnungen über die Flottenfahrt nach Helgoland und über die Hinrichtung der 30 Vitalienbrüder von Klaus Störtebeker – was nicht gegen die Existenz Störtebekers oder gegen seine Teilnahme an der Schlacht spricht, sondern eher dafür, daß er in den Augen der Hamburger nach wie vor nicht prominent genug war, um ihn als Hauptgegner zu betrachten.

Besser dokumentiert haben die Hamburger ihren nächsten Zug

Seeräuberschädel, gefunden auf dem Hamburger Grasbrook (Museum für Hamburgische Geschichte)

gegen die Vitalienbrüder. Verfolgen wir zunächst die Schilderung in der Rufus-Chronik: »Nicht lange danach (nach der Überwältigung Störtebekers) trafen dieselben Englandfahrer auf einen Haufen der Seeräuber und schlugen sich mit ihnen. Gott gab seinen Segen den guten Helden gegen diese, so daß sie viele töteten und achtzig von ihnen mit sich nach Hamburg führten; da wurden sie enthauptet und neben ihre Kumpane auf die Wiese gesetzt. Die Hauptleute hießen Godeke Michels und Wigbold, ein Meister der sieben Künste.«[234] Auch aus den Hamburger Kämmereirechnungen geht eindeutig hervor, daß dieser Zug der Hamburger gegen die Vitalienbrüder unter dem Vorzeichen des Kampfes gegen Godeke Michels stand.

Den Winter über muß Michels mit seinen Leuten in Norwegen zugebracht haben. Die Bitte der Hansestädte an die Adresse der norwegischen Königin Margarete, bei der Bekämpfung der Vitalienbrüder zu helfen, hatte offenbar keinen durchschlagenden Erfolg gebracht. Denn Godeke Michels tauchte mit wahrscheinlich vollständiger Mannschaft im Laufe des Jahres 1401 wieder in Ostfriesland auf. Angeblich gesichtet wurde er allerdings im selben Jahr auch anderswo. Die in Lübeck versammelten Städte richteten am 24. März 1401 an die preußischen Bundesgenossen die Aufforderung, ein Schiff mit 50 Mann in die Ostsee zu legen, die wendischen Städte ihrerseits wollten dasselbe tun. Grund war, »daß man ihnen wahrhaftig davon berichtet hatte, daß Godeke Wessels (Michels) mit seinen Kumpanen in der See war und er wahrscheinlich in den Öresund fahren würde«.[235] Ob es sich bei diesen Vitalienbrüdern wirklich um die Mannschaft des Godeke Michels handelte, ist natürlich nicht mehr zu klären; die Wahrscheinlichkeit spricht eher dagegen, da sein »Jagdrevier« ja bereits seit einigen Jahren die Nordsee und nicht mehr die Ostsee war. Auf jeden Fall sagt diese Meldung der Hanse etwas über die große Bekanntheit des Godeke Michels aus, und Hamburg war nach dem erfolgreichen Unternehmen gegen Störtebeker ermutigt und nun fest entschlossen, auch seinem Treiben ein Ende zu machen. Daß die Aktion gegen ihn schon im Jahr 1401 und nicht erst 1402 stattgefunden hat, geht abermals aus den Hamburger Kämmereirechnungen hervor: »Für die

Reise der Herren Nicolaus Schoke und Hinrik Jenevelt über die Weser gegen die Vitalienbrüder 230 Pfund und 14 Schillinge.«[236] Zugeordnet ist diese Eintragung dem Jahr 1401. Der Kampf gegen Michels, denn der verbirgt sich hinter dieser nüchternen Notiz, hat also ganz in der Nähe Hamburgs, auf der Weser, stattgefunden. Das spricht nicht gerade dafür, daß Godeke Michels mit seinen Leuten großen Respekt vor den Hamburgern gehabt hätte, obwohl er doch nach der Überwältigung Störtebekers eigentlich hätte gewarnt sein müssen.

Wie das Unternehmen gegen Godeke Michels im einzelnen vonstatten ging, zeigt zumindest in Umrissen ein Schreiben, das wahrscheinlich vom 27. April 1402 datiert, in dem sich Hamburg gegen die Klagen der Stadt Kampen auf Herausgabe eines Teils des bei der Überwindung des Godeke Michels erbeuteten Bieres verwahrte:

»Den ehrbaren frommen Leuten, Bürgermeistern, Schöffen und Ratsleuten zu Kampen, unseren guten Freunden. Zunächst freundliche und gute Wünsche. Besonders gute Freunde, Euern Brief, in dem es um 16 Last Bier geht, die Karsten van Wylsen, Euerm Bürger, aus der Kogge des Lubbert Overdik entnommen worden sind, und in dem Ihr verlangt, daß wir demselben Karsten, Euerm Bürger, behilflich sind, wieder zu seinem Bier zu kommen, so wie anderen Kaufleuten, die Waren in der Kogge hatten, haben wir wohl erhalten. Wir möchten Euch, liebe Freunde, daran erinnern, daß wir Euch geschrieben haben, daß Godeke Michels mit anderen Vitalienbrüdern, seinen Helfern, in der See war und daß wir die Unsrigen ausgerüstet haben, die denselben Godeke Michels und seine Helfer mit ihrer Kogge überwunden haben, und daß die Unsrigen den gefangenen und geschädigten Lubbert in derselben Kogge vorgefunden haben. Und da vernahmen sie, daß die Vitalienbrüder die Kogge des Lubbert genommen, bemannt und mit ihr die Jade aufwärts gefahren sind. Da segelten unsere Freunde unter großen Mühen, Kosten und Gefahren den Vitalienbrüdern hinterher, so daß sie mit Gottes Hilfe den Vitalienbrüdern die Kogge des geschädigten Lubbert wieder abnehmen konnten. Dann stellte sich heraus, daß die Vitalienbrüder bereits den größten Teil des Bieres aus der Kogge genommen und geworfen hatten, um weiter in das Land hineinfahren zu können, da unsere Ratsherren, der geschädigte Lubbert und viele andere tapfere Leute gegenwärtig waren. Und da unsere Freunde dieselbe Kogge von da bis in unsere Stadt gebracht haben, stand nach unserem Stadtrecht demjenigen, der die Kosten für das Unternehmen aufgebracht hat, ein Drittel der Kogge und der vorgefundenen Waren zu, das zweite Drittel denjenigen, die die Arbeit getan hätten, und das dritte Drittel dem vorgenannten Lubbert und dem Kaufmann, der in dessen Kogge Waren hatte. Daß sich Lubbert dieses dritten Teiles vollständig bedient und seinen Willen gegen den des geschädigten Karsten und des Kaufmanns durchgesetzt hat, davon haben wir wohl ungefähre Kenntnis erhalten. Wir bitten freundlich, daß Ihr den geschädigten Karsten, Euern Bürger, anweist, daß er seine Mahnung gegen uns einstellt. Wo wir können, werden wir gerne unserer Schuld nachkommen. Gott befohlen. Geschrieben unter unserem Siegel am 27. April. Die Hamburger Ratsherren.«[237]

Der Kampf gegen Godeke Michels und seine Leute hat also in zwei Phasen stattgefunden. Erst überwältigten die Hamburger an einem nicht genannten Ort auf der Weser Godeke Michels und nahmen seine Kogge in Besitz. An Bord fanden sie Lubbert Overdik vor, mit dessen Kogge sich der Rest von Michels Mannschaft in die Jade hinein flüchtete. Die Hamburger nahmen die Verfolgung auf und konnten auch diese Vitalienbrüder überwältigen, obwohl die Seeräuber durch das Überbordwerfen von Ladung, in diesem Falle von Bier, versucht hatten, die Kogge leichter zu machen, um flußaufwärts weiter in das Landesinnere zu kommen. Beide Koggen wurden nach Hamburg gebracht. Die Kogge des Lubbert Overdik teilte man mitsamt der Ladung in drei Teile auf.

Ihren eigenen Anteil hat die Stadt Hamburg bereits im Jahr 1402 zu Geld gemacht. Die Einnahmen in den Hamburger Kämmereirechnungen weisen in diesem Jahr unter anderem die Summe von 14 Pfund und sieben Schillingen für die Kogge des Lubbert Overdik auf, an anderer Stelle, ebenfalls im Jahr 1402, verzeichnen die Kämmereirechnungen »55 Pfund 4 Schillinge für Bier der Holländer und aus dem Schiff des Lubbert Overdiek«.[238] Wenn also die Hamburger in dem Schreiben an Kampen erklärt hatten, daß sie in dem Schiff des Lubbert Overdik kaum noch Bier vorgefunden hätten, dann muß der Wahrheitsgehalt dieser Aussage angesichts der eben genannten Eintragung zumindest in Zweifel gezogen werden. Es ist zwar aus dieser Notiz nicht zu entnehmen, wie groß der Anteil des aus dem Schiff des Lubbert Overdik entnommenen Bieres an der Gesamtsumme in Höhe von 55 Pfund und vier Schillingen war, aber ganz klein kann er nicht gewesen sein, sonst wäre die Eintragung sicher anders vorgenommen worden. Daß es sich hierbei nur um den dritten Teil des wiedergewonnenen Bieres handelte, unterstreicht noch die Fragwürdigkeit der Hamburger Aussage gegenüber Kampen. Hamburg verkaufte außerdem im Jahr 1402 Wachs, Tuch und Baumwolle aus dem Holk des Godeke Michels sowie Felle, Talg und Heringe aus Lubbert Overdiks Kogge.[239]

Wer hat nun auf seiten der Hamburger den Zug gegen Godeke Michels durchgeführt? Nach Auswertung der Hamburger Kämmereirechnungen stellt Karl Koppmann fest:

»Die Rathmannen Nikolaus Schoke und Hinrich Jenevelt erhalten 1401 230 Pf. 14 S. für ihre Fahrt gegen die Vitalienbrüder in die Weser; 1402 empfängt Simon von Utrecht für seine Arbeit und vernichtetes Schiffsgeräth, als Gödeke Michels und die Andern gefangen wurden, 48 Pf., für Anker, Lanzen und Zimmermannslohn 6 Pf. 4 S., für seine Arbeit und für Beschädigung seines Schiffes auf der Fahrt gegen die Vitalienbrüder 13 Pf. 12 S.; ferner erhalten Hermann Nyenkerken für seine Arbeit und vernichtetes Schiffsgeräth des Schiffes Bunte Kuh 32 Pf. und Werner von Uelzen 24 Pf., als man Gödeke Michels und seine Gesellen gefangen nahm. Diese Notizen machen uns als Befehlshaber der zweiten Expedition gegen die Seeräuber die beiden Rathmannen Nikolaus Schoke und Hinrich Jenevelt und als Ort des Treffens die Weser namhaft, und sie belehren uns, dass sich drei Männer, Simon von Utrecht, Hermann Nyenkerken und Werner von Uelzen, mit ihren Schiffen an der Expedition betheiligten. Diese drei Schiffe sind wir berechtigt, nach der Rufus-Chronik, deren Angaben sich, soweit sie überhaupt kontrollierbar sind – von der Jahreszahl abgesehen –, als richtig erwiesen haben, für Schiffe der Englandsfahrer zu halten. Das Schiff des Simon von Utrecht scheint entweder das größte oder das im Kampfe am meisten beschädigte, vielleicht auch beides gewesen zu sein; das Schiff, welches Bunte Kuh hiess, wurde von Hermann von Nyenkerken geführt.«[240]

Mit drei Schiffen waren die Hamburger also ausgefahren, um Godeke Michels zu fangen, der nachweisbar nur über ein eigenes Schiff verfügte. Die in den Kämmereirechnungen verzeichneten Einnahmen und Ausgaben der Jahre 1401 und 1402 machen deutlich, daß die Unternehmungen gegen die Vitalienbrüder tatsächlich große finanzielle Aufwendungen seitens des Hamburger Rates erforderten, die auch bei gutem Ausgang nur zum Teil mit den Einnahmen an Ladung und Schiffen gedeckt werden konnten.

Der Erfolg hat bekanntlich viele Väter, und so mußte sich Hamburg nicht nur gegen die Ansprüche Kampens, sondern auch gegen die der Stadt Leiden zur Wehr setzen, die für ihren Bürger Gerrit de Bruyn einen Teil des Bieres, das Hamburg dem Holk Godeke Michels' entnommen hatte, zurückforderte.[241] Die holländische Stadt Hoorn gar machte eine entscheidende Mitwirkung am Sieg über Godeke Michels geltend, da ihre Einwohner Koggen als Kriegsschiffe ausgerüstet und Godeke Michels auf der See getroffen hätten, »wo derselbe von den besten Seglern so lange aufgehalten sei, bis die übrigen Schiffe herbeigekommen seien, sodass also die Seinen Gödeke Michels und seinen Holk überwunden hätten und ihnen der dritte Theil der Beute dafür zukomme«[242]. Daraufhin erklärten die Hamburger nach Befragung der an der Aktion beteiligten Hauptleute, daß lediglich 40 Mann aus dem holländischen Enkhuizen ihnen geholfen hätten. Nun erhob der dort ansässige Gerrit Jakobsson Ansprüche gegen die Hamburger. Er sei es gewesen, der Godeke Michels auf der Jade überwunden hätte. Dabei hätte er zehn Hamburger an Bord gehabt und auch verköstigt. Ihm stünde daher ein Teil der Beute zu.[243] Diesen Aussagen trat Nikolaus Schoke, Oberbefehlshaber der hamburgischen Flotte, entgegen, der wohl auch bereit war, seine Version der Geschehnisse zu beschwören. Einige Jahre zog sich dieser Streit hin, bis 1412 ein Vergleich zustande kam, in dem Gerrit Jakobsson 54 Mark vom Rat der Stadt Hamburg erhielt.[244]

Der Sieg Hamburgs über die Vitalienbrüder, insbesondere über Godeke Michels, hat zwar den Grundstein für eine reiche Legendenbildung gelegt, stellte sich aber immer noch nicht als vernichtend heraus. Bereits 1402 waren wieder Vitalienbrüder in Aktion, als sie einem Kampener Bürger 16 Last Bier abnahmen, die sie allerdings wenig später an die Hamburger auf der Jade verloren.[245] 1405 sammelten sich rund 300 Vitalienbrüder in Emden und Umgebung, wo sie natürlich der Seeräuberei nachgingen. 1408 wurden gleich fünf hansische Schiffe von den Vitalienbrüdern erbeutet.[246] Die Situation in Ostfriesland, Oldenburg und Holland gab den Vitalienbrüdern immer noch genügend Existenzmöglichkeiten, so daß auch in den folgenden Jahren die Hanse immer wieder mit dem Problem der Seeräuberei zu kämpfen hatte. Auch auf der Ostsee konnte kein Kauffahrer vor Überfällen sicher sein. Allerdings verwischten sich nun zunehmend die Grenzen zwischen den Vitalienbrüdern und anderen, die der Seeräuberei nachgingen. Vereinzelte Seeräuberei hatte es in Nord- und Ostsee zu allen Zeiten gegeben, und auch nach dem Aufkommen und der teilweisen Vernichtung der Vitalienbrüder nach 1400 kam es hier zur Piraterie, die allerdings ihre Wurzeln nicht in dem dänisch-mecklenburgischen Konflikt hatten und somit nicht auf die Vitalienbrüder zurückzuführen war.

Einen gewissen Schlußpunkt unter die Geschichte der Vitalienbrüder, die 1391 erstmals auf der Bildfläche erschienen waren, als sie sich in den mecklenburgischen Häfen Wismar und Rostock sammelten, um das Reich Dänemark zu schädigen, stellte die große Strafexpediton der Hamburger in den Jahren 1433 bis 1435 dar. Sie richtete sich gegen Emden und die Sibetsburg, wo inzwischen der Enkel Edo Wiemkens, Sibet Lubbenson, herrschte und es dabei mit den Seeräubern genauso hielt wie weiland sein Großvater. Am 6. Juni 1433 schrieb Hamburg an Göttingen:

»Wir begehren euch mitzuteilen, daß sich eine Partei loser Gesellen bei der Sibetsburg versammelt hält, die dem unschuldigen Kaufmann bereits seit 14 Tagen großen und verderblichen Schaden an Schiff und Gut zugefügt hat, und die sich noch täglich vermehrt ... Diese Ansammlung muß in ihrem Beginne vernichtet werden, damit nicht die ganze Welt darüber in Sorge zu sein braucht. ... Wir haben uns vorgenommen, diese Ansammlung mit Gottes Hilfe zu zerstören, aber es ist uns dies unmöglich, ohne eure und der andern Städte Hilfe, Trost und Beistand. Wir erbitten eure Hilfe auf Grund des Recesses der gemeinen Hansestädte, der 1417 am Tage St. Johannes des Täufers (24. Juni) zu Lübeck beschlossen ist und folgendermaßen lautet: Der Stadt, vor deren Häfen Seeräuber bemerkt werden, sollen die zunächst gelegenen Städte bei Zerstreuung derselben helfen; man soll das vor die nächste Tagfahrt bringen; Kost und Zehrung sollen die gemeinen Städte den betreffenden wiedererstatten.«[247]

Die Reaktion Göttingens und auch der anderen angeschriebenen Städte bestand in ausweichenden Antworten, so daß Hamburg am

Ende doch allein gegen die letzten Reste der Vitalienbrüder in Ostfriesland vorgehen mußte, nur gering unterstützt von den Städten Bremen und Lübeck.[248] Mit 21 Schiffen unter der Führung Simon von Utrechts brachen die Hamburger Mitte Juni 1433 auf. Schnell fiel ihnen Emden in die Hände, während sich die Eroberung der Sibetsburg schwieriger gestaltete. »Endlich, gegen Mitte September, wurde die Burg eingenommen. Die auf derselben gefundenen Vitalianer wurden förmlich zum Tode verurteilt und hingerichtet.«[249] 1435 wurde die Sibetsburg zerstört, in Emden blieb eine hamburgische Besatzung zurück.

»Es waren dies die letzten Vitalienbrüder, die wir in den oldenburgischen Gebieten antreffen. In der Grafschaft Oldenburg sind sie nach 1419 kaum noch gewesen ... Ihr Name verschwand allmählich aus der Geschichte.«[250] Die Vitalienbrüder verschwanden mit der Zerstörung der Sibetsburg 1435 nicht nur aus der oldenburgischen und ostfriesischen Geschichte, sondern aus der Geschichte überhaupt – ohne daß damit jedoch die Geschichte der Kaperei und Seeräuberei beendet gewesen wäre.

SIEBTES KAPITEL

Klaus Störtebeker und Godeke Michels in der historischen Überlieferung

»Fassen wir zusammen, was wir *geschichtlich* von Klaus Störtebeker wissen, so war er ein Seeräuberhäuptling, wahrscheinlich aus Wismar gebürtig, der seit 1394 mit Gödeke Michels und Klaus Scheld, seit 1395 mit Gödeke Michels zusammen sein Unwesen trieb und insbesondere den Engländern schädlich war, bis er im Frühling des Jahres 1401 bei Helgoland von Hamburger Englandsfahrern unter der Anführung der Rathmannen Hermann Langhe und Nikolaus Schoke überwunden, mit seinen Genossen gefangen nach Hamburg gebracht und dort gleich nach Feliciani (Okt. 20) auf dem Grasbrook hingerichtet wurde. Ein reicher aufgeputztes Bild hat die *Sage* von ihm gestaltet.«[251]

So urteilt Karl Koppmann über Klaus Störtebeker. Die Datierung des Sieges über Störtebeker hat ja Koppmann selbst später korrigiert. Aber trotz aller spärlicher Nachrichten über Klaus Störtebeker läßt er keinen Zweifel daran, daß der Seeräuber wirklich gelebt hat. Anders dagegen Rainer Krawitz:

»Dichtung und Wirklichkeit sind nur schwer zu trennen. In der Rufus-Chronik wird 1402 ein ›Clawes Störtebeker‹ erwähnt, der vor Helgoland (Hilghelande) gefangengenommen wurde. Aber auch aus anderen Gemeinden werden Störtebekers gemeldet. Wahrscheinlich war Störtebeker eine nicht so seltene soziale Erscheinung des ausgehenden 14. Jahrhunderts: Anführer einer sozial bedrängten Gruppe von Leuten, die sich durch das Aufbringen von Schiffen das Überleben sicherten. Als eine Art Söldnertruppe wurden diese Seeräuber nicht selten auch im Auftrag regionaler Herrscher und ostfriesischer Häuptlinge tätig. ›Ein Seeräuber Klaus Störtebeker ist quellenkundlich nicht nachzuweisen‹ (Reemt Reints Poppinga).

Vielleicht gerade darum bietet Störtebeker für Literaten seit jeher ein dankbares Objekt. Theodor Fontane hat Material für einen Störtebeker-Roman gesammelt, und der sozialistische Autor Willi Bredel schrieb ›Die Vitalienbrüder‹.«[252]

In dieser Einschätzung wird die tatsächliche Existenz Klaus Störtebekers verneint und in ihm lediglich ein bestimmter, im späten Mittelalter nicht gerade selten vorkommender Tpyus von sozial deklassierten Menschen gesehen, der in der Seeräuberei den letzten Ausweg sah, um zu überleben. Anders aber als bei Figuren, die ganz und gar der Sage entstammen wie etwa Wilhelm Tell, muß bei Klaus Störtebeker doch festgehalten werden, daß die historisch zuverlässigen Quellen aus der Zeit um 1400 zwar nur wenig Greifbares enthalten, aber immerhin doch so viel, daß man feststellen kann: Es hat unter den Vitalienbrüdern gegen Ende des 14. Jahrhunderts einen Hauptmann gegeben, der Störtebeker hieß. Sein Vorname ist nicht mit letzter Sicherheit zu klären, was aber im späten Mittelalter überhaupt nichts Außergewöhnliches bedeutet. Die Chronisten des 15. und 16. Jahrhunderts haben sich dann auf Klaus festgelegt, was mit der ersten Nennung eines »Nikolaus Störtebeker« im Wismarer Verfestungsbuch im Jahr 1380 gut übereinstimmen würde. Die Verkleinerung des Namens »Nikolaus« zu »Klaus« ist nicht unüblich gewesen. Nikolaus Schoke etwa, der Hauptverantwortliche für den Sieg über Störtebeker und Michels, wurde einige Jahre später in dem Schiedsspruch, der von der Stadt Gent in der Auseinandersetzung um die beim Zug gegen Michels gemachte Beute gefällt wurde, »Klaus Schoke« genannt. Der außerdem noch überlieferte Vorname »Johann« aus der Urkunde vom 15. August 1400, in der Albrecht von Holland die Aufnahme von 114 Vitalienbrüdern festhielt, kann auf dessen Irrtum zurückgehen und spricht nicht gegen die Identität dieses hier genannten Störtebekers mit dem gemeinhin als »Klaus Störtebeker« bezeichneten.[253] Meistens wird Klaus Störtebeker im Gegensatz zu Godeke Michels im übrigen ohne Vornamen erwähnt.

Einen wichtigen Schluß über die Bedeutung Klaus Störtebekers noch zu Lebzeiten kann man aus den historischen Quellen ziehen: Störtebeker war zwar ein Hauptmann der Vitalienbrüder, aber nur einer unter mehreren. Eine gewisse herausragende Bedeutung seiner Person läßt sich allenfalls aus der englischen Klageakte von 1405 entnehmen. Im hansischen Bereich wurde ihm keine besondere Aufmerksamkeit zuteil. Für die Zeit des mecklenburgisch-dänischen Krieges 1389–1395 findet sich in den hansischen Quellen kein herausragender Hauptmann der Vitalienbrüder, in dem sich das Seeräuberproblem gleichsam personalisiert. Von 1395 bis 1398 läuft die Geschichte der Vitalienbrüder auf den ehemaligen Parteigänger Margaretes, Sven Sture, zu, unter dem sich tatsächlich – für eine allerdings kurze Zeit – in gewisser Weise eine Seeräuberherrschaft über die Ostsee ausbildet. Nach 1398 konzentriert sich der Kampf der Hanse gegen die Vitalienbrüder in der Nordsee auf diejenigen, bei denen die aus der Ostsee vertriebenen Seeräuber Aufnahme finden, nämlich die ostfriesischen Häuptlinge. Erst um 1400 herum profiliert sich einer der Hauptleute der Vitalienbrüder so weit, daß die Hanse in seiner Person den eigentlichen Hauptgegner erblickt. Diese Person ist aber nicht Klaus Störtebeker, sondern ganz eindeutig Godeke Michels. Sein Ruf verbreitet sich in den Jahren 1400 und 1401 sehr schnell im Nord-, aber auch im Ostseeraum. Michels, der sich bis dahin ebenfalls mehr im Dunkeln als im Licht der Geschichte befunden hat, bekommt dadurch klarere Konturen und wird für uns besser faßbar als Störtebeker.

Für beide weist eine urkundliche Nennung als Herkunftsort die mecklenburgische Stadt Wismar aus. Godeke Michels wurde dann 1397 verfestet, d.h. aus der Stadt gewiesen – wohl nicht nur wegen der Schließung des Hafens für die Vitalienbrüder, sondern weil er sich der Obrigkeit, also dem Rat der Stadt Wismar, widersetzt haben wird. Beide, Michels und Störtebeker, sind seit 1394 nachweisbar als Hauptleute der Vitalienbrüder aktiv. Beide finden zu fast derselben Zeit dasselbe Ende. Die Parallelen zwischen Michels und Störtebeker sind unverkennbar. Die Frage nach dem Verhältnis zwischen den beiden, ihrer Art der Zusammenarbeit und nicht zuletzt nach ihren Persönlichkeiten drängt sich geradezu auf. Hier lassen uns jedoch die Quellen weitgehend im Stich, so daß der legendenhaften Überhöhung und Ausschmückung des Seeräuberstoffs breiter Raum gegeben ist. Bereinigt davon bleibt nur wenig Nachprüfbares zu diesem Thema übrig.

Die Annahme einer intensiven Zusammenarbeit zwischen den beiden »capitanei« der Vitalienbrüder gründet sich vor allem auf die Aufzeichnungen in der englischen Klageakte von 1405, in der Godeke Michels und Klaus Störtebeker und ihre von Erfolg gekrönten Angriffe auf englische Handelsschiffe zwischen 1394 und 1399 festgehalten werden. Zwar ist dort neben Michels und Störtebeker auch von anderen Hauptleuten der Vitalienbrüder die Rede, aber diese beiden kommen doch bei weitem am häufigsten vor. Außerdem, und dies ist das in diesem Zusammenhang Entscheidende, treten die beiden offenbar gemeinsam in Aktion. Besonders im Jahr 1395 scheinen sie verstärkt zusammengearbeitet und gemeinsam sechs englische Schiffe aufgebracht zu haben. Hinzu kommen drei weitere Kaperungen englischer Schiffe, an denen auch Klaus Scheld und andere Hauptleute der Vitalienbrüder beteiligt waren. Auch in den Jahren 1396 bis 1398 haben Störtebeker und Michels der englischen Akte zufolge gemeinsam Schiffe aufgebracht. Für die späteren Jahre ist diese intensive Zusammenarbeit nicht mehr überliefert, was jedoch keinen Beweis für ein Zerwürfnis oder eine Trennung zwischen den beiden darstellt. Es scheint vielmehr so zu sein, als ob die Vitalienbrüder in der Lage waren, äußerst flexibel vorzugehen und sowohl allein als auch in Kombination mit anderen zu operieren. Gerade ihre Variabilität macht diese soziale Gruppe für uns so schwer faßbar.

Wie alt waren die beiden, als sie auf dem Hamburger Grasbrook hingerichtet wurden? Die erste Nennung Störtebekers im Wismarer Verfestungsbuch im Jahr 1380 läßt den Schluß zu, daß er zu diesem Zeitpunkt kaum jünger als 20 Jahre, eher älter, gewesen sein kann. Das würde bedeuten, daß er bei seiner Hinrichtung, die wahrscheinlich am 21. Oktober 1400 erfolgte, mindestens 40 Jahre alt gewesen ist. Über Michels kann man in dieser Frage gar keine Aussagen machen, da die Zeugnisse über ihn sich auf die Jahre 1394 bis 1401 beschränken. Welcher Herkunft waren die beiden? Adlig scheinen sie nicht gewesen zu sein. 1370 hat es in Wismar einen Hans Störtebeker gegeben, über den allerdings nichts weiter bekannt ist.[254] Vom Namen her kann man auf keinen bestimmten Beruf schließen. Sie gehörten, so viel ist gewiß, nicht zu den Vitalienbrüderhauptleuten »der ersten Stunde«, die sich im Kern aus mecklenburgischen Adligen zusammensetzten, sondern vermutlich zu denen, die auf den Aufruf dieser Hauptleute im Jahr 1392, sich ihnen anzuschließen, reagiert haben.

Aufgerufen wurden hier »omnes malefici, omnes profugi sive proscripti«[255], also »alle Verbrecher, alle Verbannten oder Geächteten«. Ob dieser Appell wirklich so ergangen ist oder ob im Sinne des Schlachtrufs der Städte Wismar und Rostock im Jahr 1391 nicht ganz einfach »alle, die das Reich Dänemark schädigen wollen«, zu den Waffen gerufen wurden, sei dahingestellt. Bereits die Chronisten des 15. Jahrhunderts waren der Meinung, daß hier »viel loses Volk« zusammengelaufen kam, und mögen den überlieferten Wortlaut in diesem Sinne geändert haben. Mit Sicherheit aber war bei den Vitalienbrüdern jeder willkommen, und der bisherige Lebenslauf spielte bei der Frage der Aufnahme sicher nur eine untergeordnete Rolle.

Vor dem Hintergrund der sozialen Situation der Hansestädte am Ende des 14. Jahrhunderts muß ein Aufruf, sich dem Kaperkrieg gegen Dänemark anzuschließen, eine große Faszination ausgeübt haben. In Scharen waren die Menschen im Laufe des 13. und 14. Jahrhunderts vom Land in die aufblühenden Städte in der Hoffnung auf ein besseres Schicksal, auf persönliche Freiheit und größeren Wohlstand, geflohen. Diese Welle von Zuwanderungen brachte den Städten zwar die dringend benötigten Arbeitskräfte, trug aber gleichzeitig auch zur Ausbildung eines besitzlosen und im Grunde auch rechtlosen Stadtproletariats bei, dessen Lebens- und Wohnverhältnisse oft elender waren als die der Tagelöhner auf dem Lande. Diese zahlenmäßig große Gruppe (in manchen Hansestädten machte sie rund 50% der Einwohnerschaft aus) stellte natürlich auch ein starkes Unruhepotential dar, das bei den in der zweiten Hälfte des 13. Jahrhunderts beginnenden und sich im 14. Jahrhundert verstärkenden innerstädtischen Konflikten auch schon eine gewisse Rolle spielte. Über die Mentalität dieses Stadtproletariats und möglicherweise kursierende soziale und politische Gegenentwürfe zur patrizisch beherrschten Ordnung der Städte wissen wir recht wenig, da die meisten gegen die herrschenden Ratsgremien gerichteten Revolten nicht von den Besitz- und Rechtlosen, sondern von anderen Gruppen der Stadtbevölkerung initiiert wurden.

Sammelten sich nun bei den Vitalienbrüdern die Verzweifelten der Welt, die Gestrandeten und Entwurzelten? Ist es eigentlich denkbar, daß sich unter den Vitalienbrüderhauptleuten »der ersten Stunde«, den mecklenburgischen Adligen, ein gesellschaftliches Alternativmodell zur bestehenden Welt der Städte und des Landes entwickelt hat?

»Verstanden sie sich als Gemeinschaft von ›outlaws‹, deren Losung ›Gottes Freunde und aller Welt Feinde‹ ebensoviel bindende Kraft nach innen wie Sprengkraft nach außen besaß wie der zur selben Zeit umlaufende Spruch ›Als Adam grub und Eva spann, wo war denn da der Edelmann?‹. Beide in der hansischen Welt an der Wende zum 15. Jahrhundert nachweisbaren Sätze mußten in der mittelalterlichen Gesellschaft geradezu revolutionär wirken, da einzelne Gruppen hier so offensichtlich das allgemeine Wertsystem in Frage stellten.«[256]

Zunächst zu der Frage der Zusammensetzung der Vitalienbrüder. Das hohe Risiko, das die Vitalienbrüder bei ihren Kaperungen zwangsläufig eingehen mußten, scheuten gewiß nur diejenigen nicht, die vor einer aussichtslosen oder verzweifelten Situation standen. Das gilt gleichermaßen für das einfache Mannschaftsmitglied wie für die Hauptleute. Allerdings sind »Aussichtslosigkeit« bzw. »Verzweifelung« außerordentlich zweifelhafte und dehnbare Begriffe, gerade wenn man sie auf vor rund 600 Jahren gültige Verhältnisse übertragen will. Das Beispiel einzelner Hauptleute wie etwa des Bosse van dem Kalende zeigt ja, daß sich nicht nur Besitzlose, sondern auch Besitzende den Vitalienbrüdern anschlossen und ihren Besitz in das Unternehmen »Kaperkrieg« investierten. Die Schiffe, die Ausrüstung, die Verpflegung, auch die Bezahlung der Leute setzten eigenes Kapital voraus, was auch vorhanden war. Ob diese Investitionen das Ziel verfolgten, möglichst schnell zu großem Reichtum zu gelangen, oder ob ein kurz vor der Verarmung stehender Adliger seine letzten Besitzungen zu Geld machte, um es in der Hoffnung auf Abwendung dieser Verarmung in den Kaperkrieg zu investieren, ist nach dem heutigen Forschungsstand nicht zu beantworten. Die soziale Zusammensetzung der Vitalienbrüdermannschaften kann ebenfalls nicht befriedigend geklärt werden. Als eine reine Vereinigung von »outlaws« sollte man sich die Vitalienbrüder allerdings nicht vorstellen. Dagegen spricht zum einen die Herkunft vieler Hauptleute, zum anderen auch ihre große strategische Kraft und die lange Dauer ihrer Existenz. Sicherlich aber gab es keine zunftischen Zulassungsbeschränkungen zur Gruppe der Vitalienbrüder, so daß wir von einer großen sozialen Streuung in dieser Gruppe auszugehen haben.

Diese – begründete – Vermutung führt zwangsläufig zu der Frage nach der inneren Organisationsform und dem Selbstverständnis der Vitalienbrüder. Sind hier bereits am Ende des 14. Jahrhunderts die 1789 von der Französischen Revolution erhobenen Forderungen nach Freiheit, Gleichheit und Brüderlichkeit in einer vergleichsweise kleinen Gruppe von gesellschaftlichen Außenseitern gewissermaßen vorweggenommen und vorgelebt worden? Hat die Sprengkraft dieses alternativen Gesellschaftsmodells die Ordnung der hansischen Welt so bedroht, daß es auch deswegen bekämpft und letzten Endes vernichtet werden mußte? Die Selbstzeugnisse der Vitalienbrüder sind äußerst spärlich, im Grunde beschränken sie sich auf den bekannten Ausspruch von 1398, sie seien Gottes Freunde und aller Welt Feinde. Die Aussagekraft dieses Satzes sollte gesehen werden vor dem Hintergrund, daß er zu jener Zeit offenbar als Topos unter Freibeutern und Söldnern weit verbreitet war. Bereits einige Jahrzehnte vor den Vitalienbrüdern sagte der Söldnerführer Jean de Gouges über sich, er sei der Freund Gottes und der Feind der ganzen Welt.[257] Eine besondere Frömmigkeit oder gar das Bewußtsein, in Gottes Auftrag zu handeln, läßt sich aus dem Ausspruch sicher nicht folgern. Wahrscheinlich drückt sich hier vor allem das Gefühl der völligen Unabhängigkeit und Freiheit, gepaart vielleicht mit einer Portion Übermut aus, da man es sich offenbar zutraute, es mit der ganzen Welt aufzunehmen. Zudem dürfen wir nicht vergessen, daß diese Parole erst zu einem recht späten Zeitpunkt überliefert ist, nämlich nach Beendigung des mecklenburgisch-dänischen Krieges und der Vertreibung der Vitalienbrüder aus der Ostsee. Auf die erste Phase der Geschichte der Vitalienbrüder trifft sie daher nicht ohne weiteres zu.

Einen weiteren Hinweis auf die innere Verfassung der Gemeinschaft der Seeräuber meint man den Bezeichnungen Vitalien*brüder* und Likedeeler (Gleichteiler) entnehmen zu können. So stellte etwa Wilfried Ehbrecht fest:

»Auf die Gemeinschaftsform der Gilde deuten vielleicht auch die unklare Herkunft der Benennung ›Vitalienbrüder‹ oder ›Likendeeler‹ und die wenigen wirklich erkennbaren Organisationsformen hin: So fällt etwa auf, daß die Mitglieder der einzelnen Gruppen trotz unterschiedlicher ständischer Herkunft wie in einer mittelalterlichen Genossenschaft gleiche Rechte besaßen und daß die Gruppen wahrscheinlich kollegial geführt wurden.«[258]

Und Hans Chr. Cordsen kam zu dem Schluß:

»Wenn auch vielleicht von jeher unter Raubscharen die Sitte bestanden haben mag, die Beute ›gleich zu teilen‹, so wird man doch unwillkürlich auch durch diese Bezeichnung an die Söldnerscharen Italiens und Frankreichs erinnert, von denen die Quellen stets mit Ausführlichkeit und nicht ohne Bewunderung für die strenge Ordnung, die beim Verteilen des erbeuteten Raubes beobachtet worden sei, berichten, und es ist fraglich, ob nicht auch der Name *Likedeeler* ebenso wie die Bezeichnung *Vitalier* schon auf frühere Scharen von Seeräubern oder Söldnern angewendet worden ist.«[259]

Bestanden also schon zu Zeiten der Vitalienbrüder klischeeartige, fast romantische Vorstellungen von der Gemeinschaft der Seeräuber? Die Quellenlage läßt einen Schluß in die eine oder andere Richtung nicht zu. Aus der großen Anzahl von Hauptleuten auf eine Organisationsform zu schließen, in der Gleichheit und Kollegialität herrschte, ginge sicher zu weit. In den Quellen werden ausschließlich die Hauptleute genannt. Die einfachen Mannschaftsmitglieder – also das Gros der etwa 2000 Vitalienbrüder, von denen wir während ihrer größten Machtentfaltung in der Ostsee um 1397/98 auszugehen haben – tauchen nirgendwo auf. Die Vielzahl von Hauptleuten deutet auf jeden Fall das große Maß an Zersplitterung der Vitalienbrüder an. Sie operierten in vielen kleinen Einheiten, waren niemals mit allen Männern und Schiffen an einer Stelle versammelt, also auch nie im ganzen zu fassen, büßten dafür aber auch mit einem Verlust an Schlagkraft. Die vereinigte Flotte der Vitalienbrüder wäre in Gotland weniger leicht durch die Flotte des Hochmeisters des Deutschen Ordens zu besiegen gewesen, so wie es auch den

Hamburgern schwerer gefallen wäre, Störtebeker und Michels zu überwinden, wenn sie gemeinsam vorgegangen wären.

Die Frage ist natürlich, ob man in dieser Aufsplitterung ein taktisches Vorgehen sehen sollte oder ob sie den Vitalienbrüdern nicht vielmehr durch die Macht der Umstände aufgenötigt worden ist. Nach der Beendigung des mecklenburgisch-dänischen Krieges 1395 fehlte ihnen das gemeinsame Ziel, und da es zu dieser Zeit keinen überragenden Führer gab, konnte sie niemand zusammenhalten. Zudem war für das Aufbringen einzelner Schiffe eine große Flotte gar nicht vonnöten. Dafür reichten einzeln operierende Schiffe aus. Auch mußte dann die Beute nicht unter so vielen geteilt werden. Wie weit die Vitalienbrüder überhaupt eine gemeinsame Identität ausgebildet haben, die ihnen das Bewußtsein einer wie auch immer gearteten Zusammengehörigkeit gab, ist ebenfalls fraglich. Schließlich haben sie in ihrer ostfriesischen Zeit auch als Verbündete unterschiedlicher ostfriesischer Häuptlinge gegeneinander gekämpft. Aber dennoch haben sie, zumindest in kleinen Einheiten, eine Gruppe herausgebildet, »für die Fahr- und Tischgemeinschaft, Freiwilligkeit, genossenschaftliche Ordnung und gegenseitige Unterstützung konstitutiv gewesen sein dürften; die – wenn nicht eigens belegt – im Mittelalter eigentlich nur in einem gegenseitig geleisteten Eid begründet sein könnte«.[260]

Die Vitalienbrüder fuhren in den damals gebräuchlichen Schiffen, d.h. in Koggen und Holkschiffen, mit jeweils 50 bis 100 Mann Besatzung. Über die genaue Ausstattung der Schiffe ist uns wie so vieles andere auch nichts überliefert. Die Vitalienbrüder werden über eine für die Zeit übliche Bewaffnung verfügt haben. D.h. neben Hieb- und Stichwaffen sowie Bootshaken, um gegnerische Schiffe an das eigene heranzuziehen und entern zu können, waren vermutlich auch schon Feuerwaffen an Bord, einfache kurze Geschützrohre als Vorderlader. Aber auch dies muß eine Annahme bleiben, da die Belege fehlen.

Welche Waren erbeuteten die Vitalienbrüder, und wo setzten sie diese ab? Im Grunde wurde alles geraubt, was sich an Bord der gekaperten Schiffe befand. Die Belege sind zu spärlich, als daß man daraus die Vorliebe der Seeräuber für die eine oder andere Ware folgern könnte. Auch Menschen wurden, sofern sie nicht im Kampf ums Leben gekommen waren, als Beute angesehen, für die man Lösegeld fordern konnte. Den Absatzmarkt für die geraubten Waren fanden die Vitalienbrüder bei denen, die ihnen Aufnahme gewährten. Zwischen 1391 und 1395 waren dies Wismar und Rostock, später die ostfriesischen Häuptlinge und ihre Leute. Nicht völlig von der Hand zu weisen ist die Annahme, daß sie auch in einzelnen Hansestädten Waren absetzen konnten, nämlich in Bremen und Hamburg. Allerdings ist hier der Beweis nicht eindeutig erbracht. Über die Menge der geraubten Waren und den dadurch entstandenen wirtschaftlichen Schaden kann ebenfalls aufgrund der dürftigen Quellenlage keine Aussage getroffen werden. Man darf aber nicht übersehen, daß die Aktivitäten der Vitalienbrüder über Jahre hinweg die Kaufleute veranlaßt haben, ihre Schiffe gar nicht erst auslaufen zu lassen. Die damit einhergehenden Mangelerscheinungen und Teuerungen haben zumindest die Hanse, mit Sicherheit aber auch Dänemark, mehrere Jahre lang so hart getroffen, daß von einer schweren Beeinträchtigung des Handels in der betreffenden Zeit gesprochen werden kann.

*

Die historische Bedeutung der Vitalienbrüder, denen Klaus Störtebecker und Godeke Michels angehörten, im letzten Jahrzehnt des 14. Jahrhunderts ist nicht zu unterschätzen. Im Rahmen des mecklenburgisch-dänischen Konfliktes kam ihnen eine wichtige Rolle zu. Ob sie eine entscheidende Bedeutung für den Ausgang des Krieges spielten, scheint eher zweifelhaft zu sein, da sie an den Friedensverhandlungen der am Krieg beteiligten Parteien keinen Anteil hatten und ihre Interessen nicht nur unbeachtet blieben, sondern ihre Existenz für alle Beteiligten plötzlich ein Ärgernis darstellte. Für kurze Zeit konnten die Vitalienbrüder noch einmal eine starke Stellung in der Ostsee von Gotland aus einnehmen, ohne daß es ihnen jedoch glückte, sich als neue Kraft in diesem Gebiet dauerhaft zu etablieren. Ihre Rolle in den ostfriesisch-holländischen Auseinandersetzungen und den Häuptlingskämpfen innerhalb Ostfrieslands ging über die von Kriegshelfern nicht hinaus. Immerhin bekamen die ostfriesischen Wirren durch die Beteiligung und die wahllosen Kaperüberfälle der Vitalienbrüder ein solches Gewicht, daß die Hanse sich einschaltete. Die Kaperung englischer Handelsschiffe trug zur Verstärkung der ohnehin schon gravierenden Spannungen zwischen der Hanse und England bei. Den wirtschaftlich stärksten Schaden aber hatten wohl die hamburgischen Englandfahrer selbst hinzunehmen. Und so waren sie es, die im Verlauf mehrerer Jahrzehnte den Vitalienbrüdern ein Ende bereiteten.

Mit den Vitalienbrüdern hat die Geschichte der Seeräuberei nicht angefangen, und mit ihnen hat die Geschichte der Seeräuberei nicht aufgehört. Was sie aber heraushebt aus dieser Geschichte und zu einer besonderen Erscheinung macht, ist ihre politische Wirksamkeit und verhältnismäßig lange Existenz.

»Von den gewöhnlichen Seeräubern, die es zu allen Zeiten der Hanse gegeben hat, unterscheiden sie sich dadurch, dass sie erstens politischen Zwekken dienen und deshalb grundsätzlich zu Gunsten eines und zum Nachtheil eines anderen Herrschers zu Werke gehen, dass sie ferner nicht aus einzelnen, hergelaufenen, abentheuerlichen oder verzweifelten Menschen bestehen, die durch den Seeraub ihr elendes Leben zu fristen suchen, sondern in grossen, geordneten Scharen auftreten, die von adligen Befehlshabern geführt werden, und dass sie endlich nicht nach wenigen Jahren verschwinden, sondern Ostsee und Westsee für die Dauer eines halben Jahrhunderts unsicher machen. Dieser organisierte Seeraub aber erklärt sich ... daraus, dass die meklenburgischen Adligen Jahrzehnte hindurch auf der einen Seite durch die Landfriedensbestrebungen Herzog Albrechts und das strenge Einschreiten seines Sohnes in der Heimath vom Fehdewesen abgeschreckt, auf der andern Seite aber von ihrem Fürsten in die dänisch-schwedischen Verwickelungen jenseits der Ostsee hineingerissen worden waren. Denn allerdings sind es die Meklenburger, denen die Idee einer Organisation des Seeraubes zugeschrieben werden muss ...«[261]

ACHTES KAPITEL

Die Legende von Klaus Störtebeker und Godeke Michels

In der nach ihren Lebzeiten einsetzenden Legendenbildung mußte Godeke Michels, der eigentlich Bedeutendere, weit hinter Klaus Störtebeker zurückstehen. Es wäre nun eine eigene Untersuchung wert, der Entstehung des Störtebeker-Mythos in allen Einzelheiten nachzuspüren, aber wir müssen uns hier mit einigen Grundzügen begnügen.

Warum entstehen überhaupt Legenden? Ein ganz entscheidender Grund liegt in der menschlichen Fabulierlust, der Lust an der »Wiederverzauberung der Welt«.[262] Daneben spielen verdrängte, unterdrückte oder auch ganz offen ausgesprochene Wünsche nach einem Idealzustand der Welt eine wichtige Rolle. Diese Sehnsucht kann dann durch einen wie auch immer gearteten »Helden« Gestalt annehmen. So gesehen verraten viele Mythen und Sagen viel mehr über den Bewußtseinszustand und die psychische Verfassung eines Volkes zu einer bestimmten Zeit, als daß sie über wahre Begebenheiten und Personen berichten. Die Historizität des Erzählten ist der Sage auch überhaupt nicht wichtig. Der Satz »in jeder Sage steckt ein wahrer Kern« ist falsch, so weit sich dieser »Kern« auf die geschichtliche Wahrheit des Wiedergegebenen bezieht und nicht auf in der Sage reflektierte Bewußtseinszustände der Erzählenden, die allerdings oft durch Verschlüsselungen und mehrfache Brechungen nur noch schwer kenntlich zu machen sind.[263]

Es ist oft sehr schwierig, die Ursprünge von Mythenbildungen zu erforschen und sie zeitlich und räumlich einzuordnen, was auch

Fälschlicherweise für das Porträt Klaus Störtebekers gehaltener Kupferstich, der in Wirklichkeit Kuntz von der Rosen, den Vertrauten und Berater Kaiser Maximilians I., zeigt, erstmalig veröffentlicht in Johann Jacob Fuggers ›Ehrenspiegel des Hauses Österreich‹ (Museum für Hamburgische Geschichte)

auf den Mythos »Klaus Störtebeker« zutrifft. Allerdings ist hier die historische Ausgangssituation ungleich genauer zu bestimmen als bei vielen anderen Sagen. Wie es jedoch scheint, hat diese Legendenbildung nicht sofort nach der Hinrichtung Störtebekers, Michels' und ihrer Mannschaften eingesetzt. Eine Episode aus dem Jahr 1473 beweist dies. Bei der Kaperung eines Hamburger Handelsschiffes wurde der Name des Seeräuberhauptmannes bekannt: Er nannte sich – Klaus Störtebeker.[264] Sofern er damit Eindruck machen wollte, verfehlte er sein Ziel. Der Name war weder den Hamburgern noch dem Hansekontor in Brügge bekannt, Störtebeker war in der Versenkung verschwunden. Bestenfalls belegt diese Namensadaption, daß in Seeräuberkreisen weiterhin Geschichten über den Vitalienbrüderhauptmann kursierten.

Legendenbildungen waren im übrigen grundsätzlich nicht die Sache der Hansestädte. Im Laufe ihrer mehrhundertjährigen Geschichte hat die Hanse außerordentlich wenig Mythen ausgebildet, obwohl es hierfür genügend Anlässe gegeben hätte. Wahrscheinlich

Seeschlacht mit Störtebeker, 1401; Titelholzschnitt eines süddeutschen Liedblattdruckes von 1566: ›Ein schön Lied, von Störtzebecher und Gödiche Michael...‹

hat die nüchterne Geschäftswelt der Kaufleute keinen guten Nährboden für Mythen und Legenden hergegeben.

Was also hat die Entstehung der Legende von Klaus Störtebeker ausgelöst, und wie hat sie sich entwickelt? Fragen, auf die es wiederum keine erschöpfenden Antworten gibt. Sicher haben die Chronisten des 15. und 16. Jahrhunderts einen großen Anteil am Aufkommen der Störtebekerlegende. Denn sie lassen anders als die zeitgenössischen Quellen nicht offen, wer bei Helgoland die Vitalienbrüder anführte, als die Hamburger sie angriffen, sondern nennen die Namen Störtebeker und Wichmann – so etwa die Rufus-Chronik, Hermann Korner, Albert Krantz und Conrad Tratziger. Dabei kommt Hermann Korner das Verdienst zu, Störtebeker in seiner lateinisch geschriebenen »chronica novella« den Vornamen »Nicolaus« beigegeben zu haben.[265] Schon in der mittelniederdeutschen Rufus-Chronik wird aus »Nicolaus« ein »Clawes«.[266] So war der Name »Klaus Störtebeker« geboren. Bei Albert Krantz zu Beginn des 16. Jahrhunderts begann endgültig die »Sagenbildung«. Er wußte zu berichten, »dass nämlich das Schiff, welches für die Hamburger focht, die Bunte Kuh hiess und dass Gödeke Michels und Magister Wigbold Reliquien des h. Vincentius mit sich führten, die sie in Spanien erbeutet hatten«.[267] Weiter ausgeschmückt wurde diese Legende später durch die Hinzufügung, daß Störtebeker und Michels diese Reliquien auf ihrer bloßen Brust trugen und deshalb an dieser Stelle unverletzlich waren.[268] Was aber den Ausschlag dafür gab, daß die Geschichte von Störtebeker und Michels sich von den im Grunde gelehrten und nur einer kleinen Minderheit zugänglichen Texten wegbewegte, um sich als »Volkssage« zu verselbständigen, ist nicht mehr festzustellen (so wie es auch häufig nicht zu ermitteln ist, wie ein Gerücht entsteht). Sicher hat der eigentümliche Name »Störtebeker« zur Verbreitung des Seeräuberstoffes beigetragen, so wie er wohl auch dafür gesorgt hat, daß Godeke Michels dahinter zurücktreten mußte.[269]

Der Name bezeichnet ursprünglich wohl ein Gefäß, einen »Becher mit einer Stürze oder Deckel«.[270] Im übertragenen Sinne von »Stürz den Becher« schien dieser Name die Trinkfestigkeit des Seeräubers zu beweisen. Und so will die Sage, daß Störtebeker erst dann

DIE LEGENDE VON KLAUS STÖRTEBEKER UND GODEKE MICHELS 163

Die Überwältigung Klaus Störtebekers durch die Hamburger, Holzstich von Johannes Gehrts, um 1890 (Archiv für Kunst und Geschichte, Berlin)

Aufnahme in die Mannschaft des Godeke Michels fand, nachdem er gleich zweimal einen großen Becher in einem Zuge geleert hatte, so wie er auch ein Handeisen zerbrach und ein dreimal um einen Mast geschlungenes Hanftau zerriß.²⁷¹

Die Wiedergabe einer »Störtebeker-Saga« wird nun dadurch erschwert bzw. unmöglich gemacht, daß es keinen geschlossenen Sagenkomplex gibt, sondern mehrere verschiedene Einzelsagen, die offensichtlich in verschiedenen Gegenden entstanden sind. Es werden nämlich unterschiedliche Wirkungsstätten und Geburtsorte der »Helden« genannt, die sich unter keinen Umständen zu einem großen Ganzen zusammenfügen lassen. Karl Koppmann sieht die Ausformung der Sage sich in zwei Phasen vollziehen:

»In dieser ersten Periode ... hat die Sage aus dem geschichtlichen Stoffe ein plastisches Bild heraus gearbeitet, das die Bekämpfung der Seeräuber lebendig vor die Augen stellt. In einer zweiten Periode ... bilden die Namen

Hinrichtung Klaus Störtebekers und Godeke Michels' auf einem Flugblatt zum – vermeintlichen – 300. Jahrestag dieses Ereignisses, 1701 (Museum für Hamburgische Geschichte)

der Helden und ihr Seeräubercharakter den Faden, mit dem die Sagenbildung weiterspinnt; Oertlichkeiten, deren ursprüngliche Sagen an Bedeutung zurückgegangen oder ganz in Vergessenheit gerathen sind, werden mit der Störtebekersage in Verbindung gebracht; Ueberreste einer früheren Zeit, deren Ursprung und Bedeutung im Gedächtniss verloren gegangen sind, werden an sie angelehnt; herrenlos gewordenen Sagenüberbleibseln wird durch Verschmelzung mit ihr ein neuer Träger gegeben und unter dem bewussten oder unbewussten Abrundungsbestreben der Erzähler schmiegen sich die fremdartigen Bestandtheile eng an einander.«[272]

Es spricht einiges dafür, daß nach einer rund 150jährigen Periode des fast völligen Vergessens in der Mitte des 16. Jahrhunderts die Zeit reif war für die Verbreitung einer Sage, die sich dieses Seeräuberstoffes bemächtigt hatte. Denn vermutlich um 1550 wurde erstmals ein 26 Strophen umfassendes Störtebekerlied »auf fliegenden Blättern« veröffentlicht.[273] Die erste Strophe dieses Liedes läßt bereits keinen Zweifel daran, auf wen der Ruhm der Vitalienbrüder-Geschichte gefallen war: Störtebeker und Godeke Michels raubten zu gleichen Teilen zu Wasser und zu Lande, bis das Gott im Himmel verdroß, dann wurden sie zu Schanden. Es gibt mehrere Versionen dieses ursprünglich in mittelniederdeutsch geschriebenen Liedes, deren Urfassung noch nicht entdeckt worden ist. Es scheint aber ein bereits im 16. Jahrhundert recht verbreitetes Lied gewesen zu sein, da viele Volkslieder aus dieser Zeit mit dem Zusatz versehen waren: »im Störtebekerton zu singen«.[274] Dieses Lied muß den Ausgangspunkt für die von Koppmann als zweite Periode bezeichnete Tradierung des Störtebekerthemas gebildet haben, in der beinahe hemmungslos der Seeräuberstoff ausgeschmückt, verändert und ergänzt wurde. Das Störtebekerlied selbst hat sich noch recht eng an die historische Überlieferung gehalten, wie vier Strophen einer Version dieses umfassenden Liedes zeigen:

> Störtzenbecher sprach sich allzuhandt:
> die Westersee ist mir wol bekandt,
> das bier will ich uns wol holen;
> Die reichen kaufleut von Hamburg
> soln uns das gelag bezalen.

Ermordung des Heiligen Thomas von Canterbury, Altarbild auf dem Hamburger Thomasaltar, gheschaffen in den Jahren 1424/25 von Meister Francke auf Auftrag der Hamburger Englandfahrergesellschaft; die Gesichter der Mörder des Heiligen Thomas sollen nach der Legende Gesichter hingerichteter Vitalienbrüder wiedergeben. (Hamburger Kunsthalle)

> Die bunte ku aus Flandern kam,
> wie bald sie das gerücht vernam,
> mit iren starken hörnen,
> Sie ging herbrausen durch die wilde se,
> den Hollik wollte sie verstören.

> Der scharfrichter hieß sich Rosenfeld,
> er hieb so manchen stolzen held
> mit also frischem mute;
> Er stand in seinen geschnürten Schuhen
> bis an die Enkel im blute.
>
> Hamburg, Hamburg, des geb ich dir den preis,
> die sereuber werden es nun weis,
> und deinet willen müssen sie sterben;
> Des magstu von gold ein krone tragen,
> den preis hastu erworben.

Eine gewisse Systematisierung der Legendenbildung um Störtebeker und Michels hat Karl Koppmann versucht vorzunehmen, indem er die Sagen in vier verschiedene Kategorien einordnete: Die erste Gruppe von Sagen beschäftigt sich mit der Herkunft der Seeräuberhäuptlinge, die zweite kreist um die Schlupfwinkel der Seeräuber, die dritte Gruppe hat die Schätze Störtebekers und die Störtebeker-Reliquien, die vierte die Enthauptung Störtebekers zum Gegenstand.[275]

Die Sage von Klaus Störtebeker ist in verschiedenen Regionen verbreitet, was sicher auf den großen Aktionsradius der Vitalienbrüder im Bereich der Ost- und Nordsee zurückzuführen ist. So trifft man die Sage in Pommern, Mecklenburg, Hannover, Hamburg, Holstein und Ostfriesland an, was eine ganze Reihe unterschiedlicher Herkunftsorte und Familienzugehörigkeiten für Störtebeker und Michels zur Folge hat. Hamburg, Halsmühlen bei Verden, Wismar, Barth, Rügen, Michaelsdorf bei Barth werden etwa als Herkunftsorte der beiden Seeräuber genannt.[276] Die soziale Herkunft der beiden wird auch nicht einheitlich angegeben, sondern bewegt sich in der Spannbreite zwischen Knechten und mecklenburgischen oder ostfriesischen Adligen.

Fast unübersehbar ist die Sagengruppe, die sich mit den Schlupfwinkeln der beiden befaßt. Im mecklenburgischen Bereich gibt es besonders viele Höhlen und unterirdische Gänge; Burgen und Schlösser, die tatsächlich existieren oder nicht mehr existieren oder nie existiert haben, Kirchen, Klöster und Türme, in denen sich die Seeräuber zurückzogen, um vor Verfolgung sicher zu sein, soll es in Ostfriesland, Holstein und Mecklenburg gegeben haben. Zwei der bekanntesten Verstecke sind die Störtebekerhöhle bei Stubbenkammer auf Rügen und der Turm von Marienhafe in Ostfriesland. Neben der Höhle bei Stubbenkammer werden noch eine Reihe weiterer Schlupfwinkel auf Rügen genannt. »2. eine Höhle in der Nähe der Golchaquelle; 3. die Piratenschlucht zwischen Hengst und Bläse; 4. das Ziekersche Hövt, in dem sie sich einst Mittagessen gekocht haben und durch den aufsteigenden Rauch verraten und daraufhin vertrieben wurden; 5. die Bullerhürn auf Wittow. Auf Hiddensee gibt es eine Störtebekerhöhle. Auf Usedom liegen zwei Höhlen, die mit Störtebeker in Verbindung gebracht werden: 1. in der Räuberkuhle am Streckelberg sollen die Räuber den Weg mit einem Draht, an dessen Ende ein Glöckchen hing, versperrt haben. Wer vorüberging, wurde überfallen und ermordet. 2. Im Wald von Gothen liegt eine Bergschlucht, die Räuberhöhle genannt. Bei Putlos (Holst.) ist eine Schlucht, wo die Seeräuber hausten.«[277]

Zu richtigen Seeräubern gehört natürlich auch ein Seeräuberschatz. Fast überall dort, wo Störtebeker sich verborgen haben soll, vermutet man einen Schatz, den natürlich noch niemand gefunden hat und wahrscheinlich auch nie jemand finden wird. Über den Inhalt des Schatzes gibt es höchst unterschiedliche Vorstellungen. Eine

Zwei Medaillen auf Klaus Störtebeker, um 1700; beide Störtebeker-Portraits gehen auf das irrtümliche Störtebeker-Bild, das in Wirklichkeit Kuntz von der Rosen zeigt, zurück; auf den Rück-

goldene Kette, eine goldene Wiege, ein goldener Backtrog, ein goldener Becher, eine silberne Tafel und kostbare Gewänder sollen dazu gehört haben. Einen großen Teil seines Reichtums hat Störtebeker angeblich in den Masten seiner Schiffe verborgen – darunter geschmolzenes Gold, Goldbarren, Kupfer oder auch Münzen, was nach seinem Tod entweder einem armen Tagelöhner oder Schuster, der die Masten ersteigert hatte, zufiel oder einem Zimmermann, der zufällig mit der Axt gegen einen der Masten schlug und dabei den verborgenen Schatz entdeckte. Auch über die Verwendung dieser Reichtümer kursieren sagenhafte Mutmaßungen. Einer Version zufolge kamen sie der Hamburger Stadtkasse zugute, da danach die Hamburger Kirchen mit dem bei Störtebeker gefundenen Kupfer gedeckt worden sind.

Eine ganze Reihe von Gegenständen, die man dem persönlichen Besitz Störtebekers zuschrieb, wurde in Hamburg aufbewahrt, bis sie großenteils dem großen Stadtbrand von 1842 zum Opfer fielen – so z. B. eine silberne Halskette mit Signalpfeife oder eine 19 Fuß lange Feldschlange. Noch vorhanden sind der Störtebeker-Pokal, der Störtebeker-Helm, der Störtebeker-Harnisch, das Hinrichtungsschwert und andere Dinge, die allerdings fast alle jüngeren Datums sind und daher nicht aus dem Besitz Störtebekers stammen können.[278]

Da Störtebeker und Michels in der Volkssage ja ausgesprochen

seiten der beiden Medaillen befinden sich die Ansicht Hamburgs und das Porträt Jean Barts, eines französischen Freibeuters des 17. Jahrhunderts. (Museum für Hamburgische Geschichte)

Bühnenbild ›Meeresbucht‹ von Johann Oswald Harms, geschaffen wahrscheinlich zur Hamburger Störtebeker-Oper, 1701 (Museum für Hamburgische Geschichte)

beliebt waren und als zwar hart, aber gerecht und sozial eingestellt geschildert werden, haben die beiden der Überlieferung nach auch Stiftungen vergeben. So soll Störtebeker in Verden dafür gesorgt haben, daß den Armen und den am Dom Beschäftigten einmal im Jahr Brot und Heringe gespendet wurden. Diese Sitte hat sich bis in unsere Tage erhalten.

In enge Beziehung setzt die Sage Störtebeker und den ostfriesischen Häuptling Keno tom Brok. Sie macht den Seeräuber sogar zum Schwiegersohn Kenos. Die schwankende Haltung der ostfriesischen Häuptlinge in der Frage der Unterstützung der Vitalienbrüder spiegelt sich in der Anekdote wider, nach der Keno mit Hamburger Gesandten auf seiner Burg verhandelte und ihnen schließlich versprach, von nun an den Vitalienbrüdern keine Aufnahme mehr zu gewähren. Die Hamburger verließen daraufhin zufrieden den Verhandlungstisch. Kurze Zeit später machte Klaus Störtebeker, der von einem Nebenzimmer aus alles mitgehört hatte, seinem Schwiegervater Vorhaltungen wegen dessen Zugeständnissen. Keno beruhigte ihn mit der Erklärung, die Zusagen an die Hamburger nicht

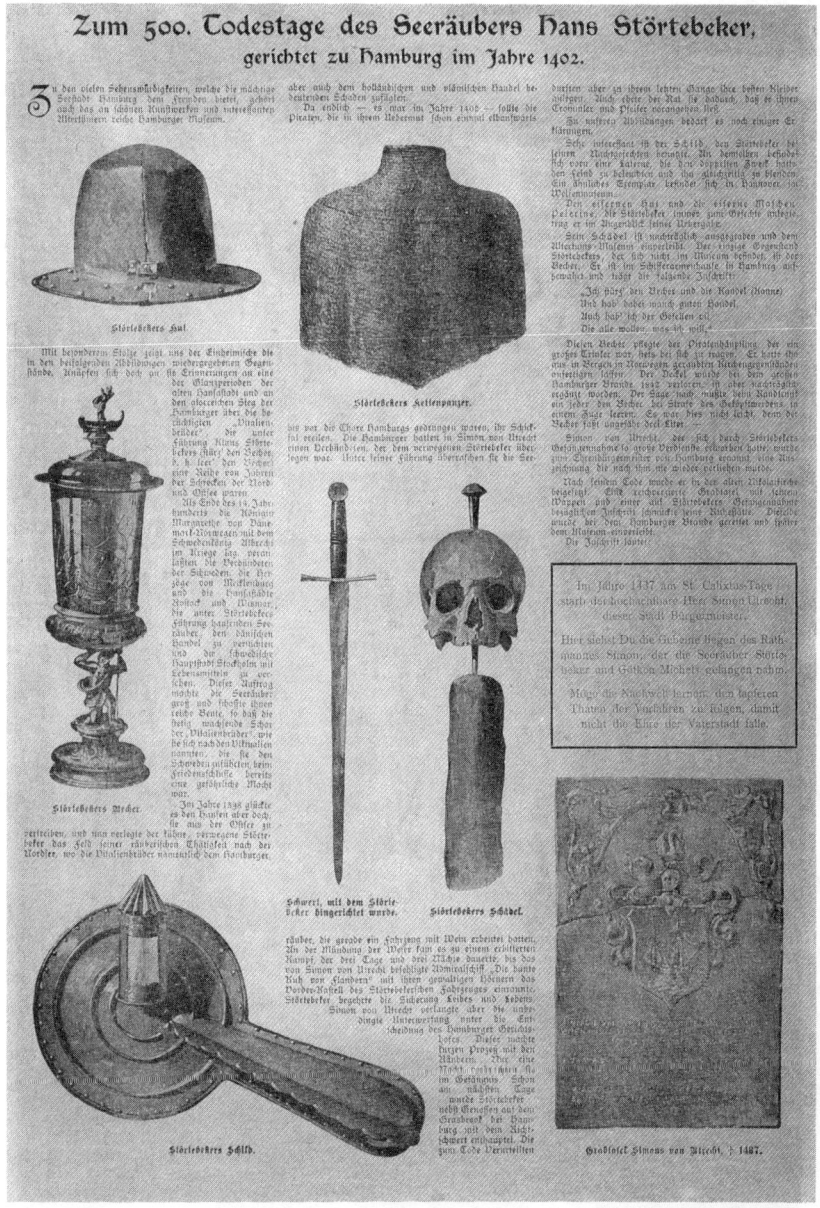

Gedenkblatt zum – vermeintlichen – 500. Todestag Störtebekers mit den Abbildungen von Gegenständen, die nach der Legende aus dem Besitz Störtebekers stammen, 1901 (Museum für Hamburgische Geschichte)

einhalten zu wollen – was wiederum ein Hamburger Ratsherr hörte, der unbemerkt zurückgekommen war, um seine vergessenen Handschuhe zu holen. Keno und Störtebeker mußten daraufhin fliehen. Auch wenn es sehr schwierig ist, festzustellen, wie sich bestimmte Ereignisse, die sich wirklich zugetragen haben, in der Sage widerspiegeln, könnte in diesem Falle das Hin- und Herlavieren der ostfriesischen Häuptlinge zwischen den Forderungen der Hanse und eigener Selbstbehauptung den Hintergrund bilden. Möglicherweise wird hier auch die große Nähe »zitiert« zwischen dem hansischen Aufgebot, das im Frühjahr 1400 mit Hisko von Emden dortselbst verhandelte, und dem Hauptmann der Vitalienbrüder, die sich im nur wenige Kilometer entfernten Nachbarort Loquard aufhielten.

Einen großen Raum innerhalb der Störtebeker-Sagen nehmen natürlich die Gefangennahme sowie die Hinrichtung Störtebekers und Michels' ein. In der Sage verschmelzen die beiden Züge gegen Störtebeker und Michels zu einem. Danach werden die beiden Vitalienbrüderhauptleute von den Hamburgern in einer dreitägigen Schlacht besiegt. Der Mythos Klaus Störtebekers hat dazu geführt, daß seine Popularisatoren sich schwertaten, die Überlegenheit der Hamburger zu erklären. Es mußte eine List herhalten, um Störtebeker und Michels in die Knie zu zwingen. Das Steuerruder Störtebekers wurde mit geschmolzenem Blei festgegossen, wobei möglicherweise auch Verrat auf seiten der Vitalienbrüder im Spiel war. Die Versuche Störtebekers, das Blei mit flüssigem Öl zum Schmelzen zu bringen und damit das Ruder wieder gängig zu machen, scheiterten. Mit dem manövrierunfähigen Schiff war es dem Vitalienbrüderhauptmann nicht mehr möglich, sich gegen die Hamburger erfolgreich zur Wehr zu setzen, zumal der Wind nun Störtebekers Schiff auf Hamburg zutrieb. So wurden er, Godeke Michels und die Kameraden gefangengenommen und in die Hansestadt gebracht. Dort steckte man Störtebeker in ein Kellergewölbe des Hamburger Rathauses, das daraufhin »Störtebekers Loch« genannt wurde.

Die ›Bunte Kuh von Flandern‹, Hans Bohrdt, Öl auf Leinwand, um 1900 (Deutsches Schiffahrtsmuseum, Bremerhaven)

Entwurf zum 1982 aufgestellten Störtebeker-Denkmal in Hamburg (Museum für Hamburgische Geschichte)

Über die Hinrichtung Störtebekers gibt es zwei Legenden, in denen Godeke Michels gar nicht mehr vorkommt:

»a) *Weg zur Hinrichtung:* St. wollte mit seinen Gesellen in den besten Feiertagsgewändern unter dem Klang von Trommeln und Pfeifen zum Richtplatz gehen. Auf dem Weg zum Grasbrook schleuderte einer der Seeräuber einem jungen Mädchen seinen Pantoffel hin. Als dieses ihn aufhob, war er ganz mit Gold ausgegossen. b) *Störtebeker rettet einige seiner Gefährten.* Seine letzte Bitte ist, diejenigen zu verschonen, an denen er ohne Kopf vorbeilaufen würde. Die Bitte wird ihm gewährt, und er rettet 11 bzw. 5 seiner Freunde. Dann wirft ihm der Henker einen Klotz vor die Füße oder ein altes Weib stellt ihm ein Bein, so daß er strauchelt. Oder er läuft einfach ohne Kopf davon, bis ihm ein Gehilfe des Henkers einen Klotz vor die Füße wirft. Die Köpfe werden als Siegeszeichen am Elbstrande auf Pfähle gesteckt.

Der Scharfrichter Rosenfeld, der bis zum Knöchel im Blut steht, gibt auf die Frage eines Ratsherrn, ob er nicht müde sei, die kecke Antwort, er könne den ganzen Rat dazu köpfen. Für diese Rede muß er selbst mit dem Leben büssen.«[279]

Vom 17. Jahrhundert an ist die Geschichte Störtebekers auch ein literarischer Stoff, an dem sich alle Literaturgattungen bis in unsere Zeit versuchen. Als Beispiele seien die zwei Abende füllende Oper *Störtebeker und Gödje Michel* von 1701 genannt sowie das im Jahr 1725 in Hamburg uraufgeführte Schauspiel *Die bekannten Seeräuber Claus Störzenbecher, Gädsche Michael, Wiegmann und Wiegbold, wie dieselben in dem heiligen Lande gefangen genommen, in Hamburg auf dem Grasbrock nebst 150 Mann zu öffentlicher Execution sind gebracht worden.*[280] Ebenfalls in Hamburg wurde 1851 eine Oper aufgeführt mit dem Titel *Claus Störtebeker, der Fürst des Meeres. Große Oper in vier Aufzügen von Tassard. Musik von A.M. Canthal*:

»Diese Oper wurde am Donnerstag, den 27. November 1851 im hiesigen Stadttheater zum ersten Mal aufgeführt; sie fand großen Beifall, so daß Componist und Dichter gerufen und der Seeräuberchor im zweiten Act da capo verlangt wurde. Ueber den Text ... – bemerkt der Recensent des ›Freischütz‹ (1851 Nr. 143) u. a.: ›Die Geschichte des Claus Störtebeker wird in dem deutschen Libretto so frei verarbeitet, daß auch keine Spur von dem Character des berühmten und berüchtigten Seeräubers übrig geblieben ist.‹

Etwas günstiger urtheilt der Berichterstatter über die im modern-italienischen Stil gehaltene Musik. Die Bemerkung über den Text aber faßte der Uebersetzer desselben als einen ihm gemachten Vorwurf auf, gegen den er sich mittels eines ›Eingesandt‹ im ›Freischütz‹ vertheidigte, worauf der Recensent in der folgenden Nummer eine beschwichtigende Erklärung abgab. Der erwähnte Seeräuberchor erlangte eine sich weit über die Mauern Hamburgs erstreckende Popularität, und noch 1875, als ein Mitglied unseres Vereins (des Vereins für Hamburgische Geschichte) den Monte Pincio in Rom besuchte, schallte ihm, von Bersaglieri gespielt, die Canthal'sche Weise entgegen.«[281]

Ähnliche literarische und dramatische Versuche hat es noch viele gegeben.

War Störtebeker für die Sagenbildung des 15. bis 19. Jahrhunderts ein beliebter Stoff, der trotz möglicher Identifizierungen immer historisch blieb, erhielt er im 20. Jahrhundert unversehens eine politische, gegenwartsbezogene Bedeutung. 1926 erschien Klabunds Roman *Störtebecker*, in dem der Held als edler Verbrecher mit großer Geste das Freiheitsideal der Menschheit vertritt. Die gleichsam sozialistische Komponente bei Klaus Störtebeker als Likedeeler, »Gleichteiler«, hat Willi Bredel in seinem 1950 erschienenen Roman *Die Vitalienbrüder* bewogen, dieses Störtebeker-Bild für die Arbeiterbewegung nutzbar zu machen.[282] Im Jahr 1985 wurde das Simon-von-Utrecht-Denkmal an der Kersten-Miles-Brücke in Hamburg vom Sockel gestürzt. Dieser Denkmalsturz entpuppte sich als späte Rache für die Hinrichtung Klaus Störtebekers, der ja – zumindest der Legende nach – von Simon von Utrecht an den Richtblock geführt worden war. Die Hamburger »Pfeffersäcke« hatten also gegen den Rebell Klaus Störtebeker gesiegt, der gerecht geteilt, die Reichen beraubt und den Armen gegeben hatte, somit also einen Gegenentwurf zur herrschenden Welt verkörperte und für einige offenbar noch immer verkörpert.[283] So muß man wohl die auf das zerstörte Denkmal geschriebenen Sprüche interpretieren: »Die Piraterie hat eine große Zukunft«, »Störtebecker lebt«, »Nicht alle Köpfe rollen erst nach 500 Jahren«, »Wir kriegen alle Pfeffersäcke!«, »Bildet Banden«.[284] »Ein Artikel in der Zeitung *Schwarze Katze* beschäftigte sich 1986 mit dem Bild Störtebekers

Das Simon-von-Utrecht-Denkmal an der Kersten-Miles-Brücke in Hamburg und sein Sturz am 5. 6. 1985 (Museum für Hamburgische Geschichte)

als Sozialrebell und entdeckte darin einige Aktualität: Störtebeker ist als politische Identifikationsfigur mindestens so aktuell wie die hansische Tradition für die etablierte politische Ordnung.«[285]

*

Klaus Störtebeker, Godeke Michels und die Vitalienbrüder sind so gesehen ein Beispiel dafür, wie ein historischer Stoff aus seinem historischen Umfeld weitgehend herausgelöst, durch Legenden verfälscht und ergänzt werden kann, um schließlich sogar für aktuelle politische Ereignisse oder Verhältnisse nutzbar gemacht zu werden. Das Beispiel »Störtebeker« zeigt, daß historische Ereignisse und Persönlichkeiten auf die jeweilige Gegenwart nicht nur durch die Strukturen, die durch sie neu geschaffen wurden, mittelbar Wirksamkeit erlangen können, sondern auch und vor allem durch die falschen oder richtigen Geschichtsbilder, die sich die Nachwelt von ihnen macht.

Anmerkungen

1 Tratziger's Chronica der Stadt Hamburg, 1865, S. 120 f. Zur Datierung »1402« vgl. Kap. »Der Kampf vor Helgoland und auf der Weser«.
2 Kämmereirechnungen der Stadt Hamburg, 2. Bd., 1873, S. 1 f.
3 EHBRECHT, 1983, S. 64.
4 SKYUM-NIELSEN, 1984, S. 20.
5 Ebd., S. 8.
6 Hanserecesse I 2, Nr. 105, § 5; vgl. im folgenden besonders KARL KOPPMANN, Einleitung zu den Hanserecessen I 4, S. V–XXIII, u. TEICHMANN, 1931.
7 DOLLINGER, 1989, S. 102.
8 TEICHMANN, 1931, S. 15.
9 Ebd., S. 17.
10 Ebd.
11 Ebd., S. 18.
12 Hanserecesse I 2, Nr. 226, S. 271 f.
13 Ebd., Nr. 230, S. 276 f.
14 Vgl. TEICHMANN, 1931, S. 22.
15 Hansrecesse I 3, Nr. 146, S. 127.
16 Vgl. KOPPMANN, Einleitung zu den Hanserecessen I 4, S. VIII.
17 Vgl. ebd., S. IX.
18 Hanserecesse I 2, Nr. 308, S. 366.
19 Hanserecesse I 2, Nr. 220, § 25, S. 267.
20 Hanserecesse I 2, Nr. 300, S. 353.
21 Ebd., Nr. 320, § 4, S. 379 f.
22 Hanserecesse I 4, Nr. 40, § 12.
23 Vgl. KOPPMANN, Einleitung zu den Hanserecessen I 4, S. IX.

24 Hanserecesse I 2, Nr. 330, S. 390; die Namen der beteiligten Seeräuber waren Ludeke Schinkel, Vicko Moltke, Volmer Jacobsson, Wenzlaf Knut, Henning van Anefeld, Henning Putbus, Detlev Knut, Eler Rantzow, Henning Schacke, Lasse Jonsson, Yesse Ziverdesson, Knut Hauschild, Erik Thomsen, Klaus Hauschild, Henneke van Orten, Klaus Grubendal, Eggert Richteblok, Tönis u. Bertold Quas.
25 Vgl. BERNITT, 1956, S. 72 f.
26 Vgl. BRUNNER, 1965, S. 5.
27 Vgl. ebd., S. 6.
28 Vgl. hierzu RÖSENER, 1982.
29 Vgl. ebd., S. 471.
30 Vgl. ebd., S. 470.
31 Vgl. ebd.
32 Vgl. ebd., S. 471.
33 Vgl. BRUNNER, S. 440.
34 Ebd.
35 RÖSENER, 1982, S. 474.
36 DAENELL, Bd. 1, 1905, S. 117 f.
37 TEICHMANN, 1931, S. 35.
38 Vgl. DAENELL, 1905, Bd. 1, S. 118.
39 Hanserecesse I 3, Nr. 475, S. 490 f.
40 Die Chroniken der deutschen Städte vom 14. bis ins 16. Jahrhundert, Bd. 26, Leipzig 1899, S. 38 f.
41 REIMAR KOCK, in: Chronik des Franziskaner Lesemeisters Detmar nach der Urschrift und mit Ergänzungen aus anderen Chroniken, 1829, S. 493 f.
42 Hanserecesse I 4, Nr. 15, S. 11 f.
43 Vgl. DAENELL, 1905, Bd. 1, S. 120; Hanserecesse I 4, Nr. 218, § 3, S. 204.
44 Vgl. dazu KOPPMANN, 1885.
45 Kock, 1829, S. 494.
46 Vgl. EHBRECHT, 1983, S. 72, Anm. 59.
47 LAURENT, 1847, S. 47.
48 Kämmereirechnungen der Stadt Hamburg, 1. Bd. 1350–1400, 1869, S. 474; vgl. auch CORDSEN, 1907, S. 19 f.
49 Vgl. CORDSEN, 1907, S. 17 ff.
50 KOCK, 1829, S. 494 f.; K. KOPPMANN hält es für sehr fragwürdig, ob es durch die Öffnung der Häfen im Jahr 1391 in demselben Jahr bereits zu einem zahlreichen Auftreten von Vitalienbrüdern gekommen ist, obwohl nicht nur KOCK, sondern auch DETMAR von diesem Vor-

fall im Jahr 1391 berichtet. Auf der anderen Seite würde DETMAR erst für das Jahr 1392 das Aufkommen von Vitalienbrüdern registrieren, vgl. KOOPMANN, Einleitung zu den Hanserecessen I 4, S. X.
51 Vgl. KOPPMANN, Einleitung zu den Hanserecessen I 4, S. X f.
52 Bericht über diesen Kriegszug bei DETMAR, S. 353 f.
53 Vgl. KOPPMANN, Einleitung zu den Hanserecessen I 4, S. X.
54 Vgl. ebd., S. X.
55 Hanserecesse I 4, Nr. 28, § 6, S. 21.
56 Hanserecesse I 4, Nr. 29, S. 21 f.
57 Hanserecesse I 4, Nr. 53, S. 58.
58 Chroniken der deutschen Städte vom 14. bis ins 16. Jh., Bd. 26, Lübeck, 2. Bd., Leipzig 1899, bearb. v. KARL KOPPMANN, S. 50 f.
59 Hanserecesse I 4, Nr. 60, S. 65.
60 Vgl. KOPPMANN, Einleitung zu den Hanserecessen I 4, S. XI.
61 Vgl. WOEBCKEN, 1942, S. 130.
62 Hanserecesse I 4, Nr. 150, S. 118.
63 Vgl. CORDSEN, 1907, S. 27 ff.
64 Rufus-Chronik, in: Die Chroniken der deutschen Städte vom 14. bis ins 16. Jahrhundert, 28. Bd. (Lübeck Bd. 3), S. 1.
65 Zitiert nach CORDSEN, 1907, S. 31 f.
66 Ebd., S. 32, Anm. 132.
67 Ebd.
68 Vgl. ebd., S. 34 f.
69 Vgl. ebd., S. 36.
70 Siehe bei CORDSEN, 1907, S. 30.
71 Die Chronica Novella des HERMANN KORNER, 1895, S. 91.
72 Vgl. CORDSEN, 1907, S. 33.
73 Vgl. ebd., S. 39; Hanserecesse I 3, Nr. 411, S. 424.
74 Detmar-Chronik, 1884, S. 518. Vgl. CORDSEN, 1907, S. 40; für die folgenden Ausführungen vgl. CORDSEN, 1907, S. 36 f.
75 Folgende Namen von Vitalienbrüderhauptleuten tauchen laut CORDSEN in den Quellen zwischen 1392 und 1394 auf: Henning Manduvel, Zilkauw, Berkelich, Kraseke, Kule, Preyn, Olavus, Schutke, Ghunnar, Arnold Stuke, Nicolaus Gylge, Heyno Schutke (genannt in einem Brief des livländischen Ordensmeisters vom 12. Oktober 1392 an den Ordensprokurator in Rom); Clawys Mylres, Arnd Stuke, Hennynk Crabbe, Hinrik van der Lu, Deytliff Knut, Bernevur und seine Söhne, Henneke Scharbouwe, Prybe, Luder Ransouwe, Henneke vanme Zee, Bertholt vanme Zee, Hinrik Tydemans, Hennynk Norman, Wyttekop, Clawis Zwarte, Crekauwe, Roder Kre-

mer, Hans Meygendorp, Ketelhoid, Clawis Tymme, Beydenstorp, schipper Wedige, Degenert, Hennynk, Volmer Wrede, Schonenberg (genannt in einem Schreiben des Joh. Stoltevoet an Reval vom 6. Dezember 1393); Rambold Sanewitze, Bosse van deme Kalende, Riddere, Arnd Stuke, Clawus Mylges, Marquard Preen, Hartwich Sedorpe, Lyppold Rumpeshagen, Hinrik Lüchowe, Bertram Stokeled, Schypher Joseph, Knapen (genannt in der Urkunde über die Stiftung der Messe zu Stockholm vom 24. Juni 1394). Vgl. CORDSEN, 1907, S. 36 f.

76 Die folgenden wörtlichen Zitate sind alle CORDSEN, 1907, S. 37 f., entnommen.
77 CORDSEN, 1907, S. 41 f.
78 Vgl. 1. Kap.
79 KOCK, 1829, S. 495.
80 Vgl. DAENELL, 1905, Bd. 1, S. 124; zu den folgenden Ausführungen siehe ebd.
81 Vgl. DAENELL, 1905, Bd. 1, S. 124.
82 Detmar-Chronik, 1884, S. 51.
83 Vgl. HILL, 1989, S. 536.
84 Vgl. ebd., S. 537.
85 Hanserecesse I 4, Nr. 156, § 3.
86 TEICHMANN, 1931, S. 47.
87 KOCK, 1829, S. 495 ff.
88 Hanserecesse I 5, Nr. 290, S. 208 ff.
89 HAKLUYT, The principal navigations, voiages, traffiques and discoveries of the Englisch Nation I. S. 164–69, zit. nach LAURENT, 1847, S. 70 f., Anm. 45.
90 KOPPMANN, 1877, S. 39.
91 Hanserecesse I 4, Nr. 59, S. 64.
92 TEICHMANN 1931, S. 45.
93 Vgl. ebd., S. 51.
94 Hanserecesse I 4, Nr. 192, S. 166 ff.
95 Ebd., Nr. 192, § 18, S. 172.
96 Ebd., Nr. 192, § 6, S. 168.
97 DAENELL, 1905, Bd. 1, S. 127.
98 TEICHMANN, 1931, S. 55.
99 Vgl. DAENELL, 1905, Bd. 1, S. 128.
100 Hanserecesse I 4, Nr. 199, S. 180.
101 Vgl. TEICHMANN, 1931, S. 59.
102 VOIGT, 1841, S. 42 f.

103 Zit. nach: Jahrbücher des Vereins für mecklenburgische Geschichte und Altertumskunde, 15. Jg. 1850, Nr. 31, S. 249 f.
104 Hanserecesse I 4, Nr. 236, S. 225 f.
105 Ebd., S. 224 f.
106 Ebd., S. 231.
107 Hanserecesse I 4, Nr. 238, S. 232 f.
108 Vgl. TEICHMANN, 1931, S. 62.
109 Hanserecesse I 4, Nr. 243, S. 235.
110 Ebd., Nr. 438, § 2.
111 Ebd., Nr. 261, S. 248 ff.
112 Ebd., S. 246.
113 TEICHMANN, 1931, S. 63.
114 DAENELL, 1905, Bd. 1, S. 131.
115 Hanserecesse I 4, Nr. 264, S. 259.
116 Ebd., Nr. 278–281, S. 278 f.
117 EHBRECHT, 1983, Anm. 60, S. 73.
118 Die Chroniken der deutschen Städte, Bd. 28, S. 2.
119 KOPPMANN, Einleitung zu den Hanserecessen I 4, S. XVI.
120 Mitgeteilt von Frau Kindler und Herrn Giese, Stadtarchiv Wismar.
121 Vgl. TEICHMANN, 1931, S. 67.
122 LISCH, 1850, S. 61.
123 Vgl. EHBRECHT, 1983, Anm. 63, S. 73.
124 Auch wenn aus den Vitalienbrüdern inzwischen »Seeräuber« geworden waren, soll der Begriff »Vitalienbrüder« weiter benutzt werden, da er sich zu der Zeit in den schriftlichen Quellen erst richtig durchgesetzt hatte.
125 Vgl. KOPPMANN, Einleitung zu den Hanserecessen I 4, S. XV f. und BENNINGHOVEN, 1964, S. 424.
126 Vgl. BENNINGHOVEN, 1964, S. 424.
127 Zu den folgenden Ausführungen vgl. vor allem BENNINGHOVEN, 1964, S. 424 ff.
128 Ebd., Anm. 13, S. 424 f.
129 Hanserecesse I 4, Nr. 334, S. 322 ff.
130 Vgl. BENNINGHOVEN, 1964, S. 425.
131 Hanserecesse I 4, Nr. 349, S. 337 f.
132 BENNINGHOVEN, Anm. 16, S. 425.
133 Ebd., S. 425.
134 Ebd., S. 426.
135 Ebd., S. 427.
136 Ebd., S. 428.

137 Hanserecesse I 4, Nr. 408, S. 391.
138 Ebd., Nr. 410, S. 392 f.
139 Vgl. BENNINGHOVEN, 1964, S. 428 f.
140 TEICHMANN, 1931, S. 74.
141 Hanserecesse, I 4, Nr. 438, § 5, S. 416.
142 Ebd., Nr. 438, § 7, S. 416.
143 Ebd., Nr. 438, § 8, S. 416.
144 Ebd., Nr. 405, S. 387.
145 Ebd., Nr. 427, S. 407; vgl. BENNINGHOVEN, 1964, S. 429.
146 BENNINGHOVEN, 1964, S. 429.
147 Vgl. ebd.
148 Hanserecesse I 4, Nr. 438, § 9, S. 416.
149 Vgl. BENNINGHOVEN, 1964, S. 429 f.
150 Hanserecesse I 4, Nr. 426, S. 406.
151 Vgl. BENNINGHOVEN, 1964, S. 435.
152 Hanserecesse I 4, Nr. 438, §§ 9, 10, S. 416 f.
153 Zu den folgenden Ausführungen vgl. BENNINGHOVEN, 1964, S. 444 ff.
154 Hanserecesse I 4, Nr. 438, § 10, S. 417.
155 BENNINGHOVEN, 1964, S. 436.
156 Hanserecesse I 4, Nr. 438, § 11, S. 417.
157 BENNINGHOVEN, 1964, S. 446.
158 Zit. nach BENNINGHOVEN, 1964, S. 446.
159 Ebd.
160 Hanserecesse I 4, Nr. 437, S. 414.
161 BENNINGHOVEN, 1964, S. 448.
162 Hanserecesse I 4, Nr. 438, §§ 14, 15, S. 417.
163 Vgl. ebd., S. 447.
164 Hanserecesse I 4, Nr. 468, S. 439.
165 Vgl. TEICHMANN, 1931, S. 84.
166 Vgl. SCHEURLEN, 1974, S. 111 ff.
167 Zu den folgenden Ausführungen vgl. SCHMIDT, 1975, S. 62 ff.
168 Ebd., S. 78.
169 v. LENGEN, 1973, S. 48.
170 SCHMIDT, 1975, S. 79.
171 Hanserecesse I 4, Nr. 453, S. 431 f.
172 Ebd.
173 Hanserecesse I 4, Nr. 457, S. 434 f.
174 Ebd., Nr. 465, S. 436 f. W. EHBRECHT macht deutlich, daß die Rücksichtnahme der Vitalienbrüder nicht nur politische, sondern auch

wirtschaftliche Gründe hatte: »Als einzige wurden Hamburg und Bremen ... nicht von den Vitalienbrüdern zu Feinden erklärt. Aber es waren nicht nur Rücksichten auf potentielle Bündnispartner, die sie nahmen, sondern sie ließen sich ebenso deutlich von wirtschaftlichen Interessen leiten. Die Vitalienbrüder knüpften in gewisser Weise an die Handelsverträge an, die ihre Soldherren oder deren verfassungsrechtliche Vorläufer mit Hamburg und Bremen seit dem Anfang des 13. Jahrhunderts immer wieder geschlossen hatten.« EHBRECHT, 1983, S. 79.

175 Hanserecesse I 4, Nr. 471, S. 441.
176 WANKE, 1910, S. 15.
177 SCHMIDT, 1975, S. 70.
178 HIRTHE, 1989, S. 397 f.
179 Zit. nach HIRTHE, ebd.
180 WANKE, 1910, S. 16.
181 Vgl. ebd.
182 Bremisches Urkundenbuch, Bd. 4, 1886, Nr. 34, S. 39 f.
183 Ostfriesisches Urkundenbuch, Bd. 1, 1878, Nr. 165, S. 139.
184 Ebd., Nr. 166, S. 140.
185 EHBRECHT, 1983, S. 83.
186 Hanserecesse I 4, Nr. 362, S. 349 f.
187 Vgl. STUART JENKS, Der Englandhandel: Erfolge und Rückschläge, S. 68–73, in: Die Hanse – Lebenswirklichkeit und Mythos, Band 1, S. 70 f.
188 Bremisches Urkundenbuch, Bd. 5., 1902.
189 Vgl. WANKE, 1910, S. 36 f.
190 Vgl. HOBBING, 1881, S. 20 f.
191 Hanserecesse I 4, Nr. 570, S. 521 ff.
192 Vgl. WANKE, 1910, S. 23.
193 Hanserecesse I 4, Nr. 577, S. 528 f.
194 Ebd., Nr. 589, S. 535.
195 Vgl. WANKE, 1910, S. 26.
196 Hanserecesse I 4, Nr. 589, S. 535.
197 Ebd., Nr. 591, S. 538 f.
198 HOBBING, 1881, S. 25 f.
199 Hanserecesse I 4, Nr. 591, § 6, S. 539.
200 Ebd., Nr. 602, S. 550. Die Namen der Vitalienbrüder sind in der Urkunde genannt und lassen erkennen, daß es sich hier tatsächlich um Friesen handelte. Kein Name ist mecklenburgischer oder anderer Herkunft.

201 Ostfriesisches Urkundenbuch, 1. Bd., Nr. 171, S. 145 f.
202 Hanserecesse I 4, Nr. 658, S. 593.
203 Ebd., Nr. 605, S. 552.
204 KOPPMANN, 1877, S. 40.
205 Vgl. EHBRECHT, 1983, S. 90 u. 95.
206 Vgl. ebd., S. 98. »Für den friesischen Raum gab es offensichtlich nur ein Lösungsmodell: den Weg zur Landesherrschaft.«
207 Vgl. ebd.
208 Vgl. ebd., S. 91 f.
209 Vgl. WANKE, 1910, S. 33.
210 Hanserecesse I 4, Nr. 615, S. 559 ff.
211 Vgl. WANKE, 1910, S. 33.
212 Hanserecesse I 4, Nr. 606, S. 552 f.
213 Vgl. KOPPMANN, 1877, S. 40.
214 Vgl. WILLMANN, S. 68 ff.
215 Hanserecesse I 5, S. 9 f.
216 Vgl. DAENELL, 1905, Bd. 1, S. 274.
217 Hanserecesse I 4, Nr. 628, S. 567.
218 Kämmereirechnungen der Stadt Hamburg, 1873, Bd. 2, S. 2.
219 Chroniken der deutschen Städte, Lübeck, Bd. 28, 1902, S. 25.
220 KARL KOPPMANN hat in seinem wichtigen Aufsatz von 1877 diese Notiz, die er auch zitiert, nicht auf das Jahr bezogen, sondern die Meinung vertreten, der Zug gegen die Vitalienbrüder bei Helgoland hätte im Februar 1401 stattgefunden und die Hinrichtung Störtebekers und seiner Mannschaft Ende Oktober 1401. »Der lange Zwischenraum, welcher die Ausfahrt der Rathmannen Hermann Langhe und Nikolaus Schoke zu Anfang Februars von der Hinrichtung der Seeräuber zu Ende Oktober trennt, ist allerdings befremdlich; ...« KOPPMANN, Störtebeker, 1877, S. 45. Nicht nur der lange Zeitraum zwischen Gefangennahme und Hinrichtung der Vitalienbrüder ist merkwürdig, sondern auch der angenommene Zeitpunkt der Fahrt gegen Störtebeker, Anfang Februar, wäre doch ungewöhnlich früh. KOPPMANN berichtigt in der 1902 von ihm bearbeiteten Lübecker Rufus-Chronik diese Zeitbestimmung und legt sich nun auf das Jahr 1400 fest, in dem Störtebeker und seine Leute besiegt und gefangengenommen wurden. Als Beweis gilt ihm der Eintrag in den Hamburger Kämmereirechnungen mit dem Hinweis auf die im vergangenen Jahr vorgenommene Fahrt gegen die Vitalienbrüder bei Helgoland, vgl. Chroniken der deutschen Städte, Bd. 28, S. 25 f., Anm. 7.
221 Vgl. WANKE, 1910, S. 36, Anm. 1.

222 Hamburger Kämmereirechnungen, 1873, Bd. 2, S. 4.
223 HIRTHE/WOLF, 1989, Bd. 1, S. 571.
224 Vgl. KOPPMANN, 1877, S. 46.
225 Hamburger Kämmereirechnungen, 1873, Bd. 2, S. 2.
226 Zit. nach KOPPMANN, 1877, S. 44 f.
227 Vgl. WILLMANN, S. 69.
228 LAURENT, 1847, S. 55.
229 Vgl. WILLMANN, S. 69.
230 Hamburger Kämmereirechnungen, 1873, Bd. 1, S. 490.
231 Zit. nach LAURENT, 1847, S. 52, Anm. 20.
232 Ebd.
233 WILLMANN, S. 70.
234 Zit. nach KOPPMANN, 1877, S. 41.
235 Hanserecesse I 5, Nr. 8, S. 6 f.
236 Hamburger Kämmereirechnungen, 1873, Bd. 2, S. 2.
237 Hanserecesse I 5, Nr. 54, S. 32.
238 Hamburger Kämmereirechnungen, 1873, Bd. 2, S. 3.
239 Vgl. KOPPMANN, 1877, S. 48.
240 Ebd., S. 45 f.
241 Hanserecesse I 5, Nr. 52, S. 31.
242 Ebd., Nr. 46, S. 30 f.
243 Ebd., Nr. 47, S. 31.
244 Ebd., Nr. 48–51, S. 31; vgl. KOPPMANN 1877, S. 47, Anm. 6.
245 Vgl. SCHEURLEN, 1974, S. 118.
246 Vgl. SCHEURLEN, 1989, Bd. 1, S. 624.
247 Ostfriesisches Urkundenbuch, Bd. 1, Nr. 414, S. 381 f. Übersetzung von J. WANKE, vgl. WANKE, 1910, S. 92.
248 Vgl. WANKE, 1910, S. 92 f.
249 Ebd., S. 94.
250 Ebd., S. 97.
251 KOPPMANN, 1877, S. 48 f.
252 KRAWITZ, 1982, S. 196 f.
253 Zur Frage der Identität des in der Urkunde vom 15. August 1400 genannten »Johan Stortebeker« vgl. jetzt auch BENTS, 1990, S. 47 f. und WOEBCKEN, 1942, S. 129.
254 Vgl. WOEBCKEN, 1942, S. 129.
255 Zit. nach EHBRECHT, 1983, S. 68.
256 Vgl. ebd.; ob die Vitalienbrüder durch die aufgrund von städtischen Unruhen Verfesteten, also »Aufrührer gegen die Ratsherrschaft«, Zulauf erhielten, muß nach wie vor fraglich bleiben. Immerhin hat

diese Vermutung »viel für sich«, vgl. EHBRECHT, 1983, S. 67 u. BRAKKER, 1989, Bd. 1, S. 663.
257 Vgl. CORDSEN, 1907, S. 26.
258 EHBRECHT, 1983, S. 70.
259 CORDSEN, 1907, S. 25.
260 EHBRECHT, 1983, S. 71 f.
261 KOPPMANN, Einleitung zu den Hanserecessen I 4, S. V. Vgl. auch LISCH, 1850, S. 52 f.
262 MORRIS BERMAN, Wiederverzauberung der Welt. Am Ende des Newton'schen Zeitalters, München ² 1984. Zit. nach SEIDENSPINNER, 1988, S. 84.
263 Vgl. SEIDENSPINNER, 1988, S. 99.
264 Vgl. HARTLAP, in: BENTS, 1990, S. 121.
265 KORNER, 1895, S. 363.
266 Chroniken der deutschen Städte, 1902, Bd. 28, S. 25.
267 KOPPMANN, 1877, S. 49.
268 Vgl. ebd., S. 49, Anm. 1.
269 WALTHER, 1878, S. 90.
270 Ebd., S. 91.
271 BLASEL, 1933, S. 25.
272 KOPPMANN, 1877, S. 52.
273 Vgl. SCHRADER, 1891, S. 33. SCHRADER geht sogar von einer großen Verbreitung des Störtebekerliedes bereits im 15. Jahrhundert aus, was aber eigentlich nicht denkbar ist und im Widerspruch dazu stehen würde, daß Störtebeker in der zweiten Hälfte des 15. Jahrhunderts in Hamburg nahezu vergessen war.
274 Ebd., S. 34.
275 Vgl. KOPPMANN, 1877, S. 52–56.
276 Vgl. BLASEL, 1933, S. 6 ff. Zu den folgenden Ausführungen vgl. BLASEL.
277 BLASEL, 1933, S. 9.
278 Vgl. auch PRANGE, 1989, Bd. 2, S. 613 f.
279 BLASEL, 1933, S. 35 f.
280 SCHRADER, 1891, S. 34.
281 Ebd., S. 36 f.
282 Vgl. MULOT, 1989, Bd. 2, S. 618 f.
283 Vgl. ebd.
284 Vgl. ebd.
285 Ebd., S. 619.

Literatur

Quellen

Bremisches Urkundenbuch, Bd. 4 u. 5., hrsg. v. D. R. Ehmck u. W. v. Bippen, Bremen 1886 u. 1902.
Die Chronica Novella des Hermann Korner, hrsg. v. Jakob Schwalm, Göttingen 1895.
Die Chroniken der deutschen Städte vom 14. bis ins 16. Jahrhundert, Bd. 26, Lübeck/Leipzig 1899.
Detmar-Chronik, in: Die Chroniken der deutschen Städte, Bd. 19, Lübeck/Leipzig 1884.
Grautoff, F. H.: *Chronik des Franciscaner Lesemeisters Detmar*, 1. u. 2. Teil, Hamburg 1829 u. 1830.
Hanserecesse Abt. I, Bde. 2–5, hrsg. v. Karl Koppmann, Leipzig 1872–80.
Kämmereirechnungen der Stadt Hamburg 1350–1470, Bd. 1 u. 2., bearb. v. Karl Koppmann, Hamburg 1869 u. 1873.
Ostfriesisches Urkundenbuch, Bd. 1, hrsg. v. Ernst Friedländer, Emden 1878.
Reimar Kock, in: *Chronik des Franziskaner Lesemeisters Detmar* nach der Urschrift und mit Ergänzungen aus anderen Chroniken, hrsg. v. F. H. Grautoff, 1. Teil, Hamburg 1829.
Rufus-Chronik, in: Die Chroniken der deutschen Städte vom 14. bis ins 16. Jahrhundert, Bd. 28, Lübeck, bearb. v. Karl Koppmann, Leipzig 1902.
Tratziger's Chronica der Stadt Hamburg, hrsg. v. J. M. Lappenberg, Hamburg 1865.

Sekundärliteratur

Bendixen, »Et gravsted i Bergens Domkirke«, S. 15–17, in: *Skrifter. Bergens Historiske Forening.* 5. 1899.

Benninghoven, Friedrich: »Die Gotlandfeldzüge des Deutschen Ordens 1398–1408«, S. 421–477, in: *Zeitschrift für Ostforschung*, 13. Jg. 1964.

Ders.: »Die Vitalienbrüder als Forschungsproblem«, S. 41–52, in: *Acta Visbyensia IV, Visby-symposiet för historiska vetenskaper 1971. Kultur und Politik im Ostseeraum und im Norden 1350–1450*, Visby 1973.

Bents, Harm: *Störtebeker. Dichtung und Wahrheit*, Norden 1990.

Berman, Morris: *Wiederverzauberung der Welt. Am Ende des Newton'schen Zeitalters*, München ²1984.

Bernitt, Hans: *Zur Geschichte der Stadt Rostock*, Rostock 1956.

Blasel, Annelise: *Klaus Störtebecker und Gödeke Michels in der deutschen Volkssage*, Greifswald 1933.

Bracker, Jörgen (Hg.): *Die Hanse – Lebenswirklichkeit und Mythos, Katalog zur Ausstellung*, 2 Bde., Hamburg 1989.

Ders.: »Störtebeker, der Ruhm der Hanseaten«, S. 661–666, in: Bracker, 1989, Bd. 1

Brunner, Otto: *Land und Herrschaft*, Wien ⁵1965.

Brockdorff-Ahlefeldt, L.: »Claus Störtebeker«, S. 243–246, in: *Niedersachsen*, 27. Jg., Nr. 11, 1922.

Cordsen, Hans Chr.: *Beiträge zur Geschichte der Vitalienbrüder*, Halle 1907.

Daenell, Erich: *Die Blütezeit der Deutschen Hanse. Hansische Geschichte von der zweiten Hälfte des 14. bis zum letzten Viertel des 15. Jahrhunderts*, 2 Bde., Berlin 1905 u. 1906.

Deneke, Bernward: »Sage und Geschichte im 19. Jahrhundert«, S. 67–82, in: *Jahrbuch für Volkskunde*, Neue Folge 11, 1988.

Dollinger, Philippe: *Die Hanse*, Stuttgart ⁴1989.

Ehbrecht, Wilfried: »Hansen, Friesen und Vitalienbrüder an der Wende zum 15. Jahrhundert«, S. 61–98, in: ders./Heinz Schilling (Hg.): *Niederlande und Nordwestdeutschland, Festschrift für Franz Petri*, Köln/Wien 1983.

Frahm, Ludwig/Sundermann, Friedrich: *Klaus Störtebeker in Sang und Sage*, Hamburg 1895.

Fritze, Konrad/Krause, Günter: *Seekriege der Hanse*, Berlin 1989

Haas, A.: *Klaus Störtebeker in der pommerschen Volksüberlieferung*, Stettin 1932.

Hartlap, Detlef: »Der sagenhafte Klaus Störtebeker«, S. 121–126, in: Bents, 1990.
Hirthe, Christian: »Die Sibetsburg – Sitz ostfriesischer Häuptlinge«, S. 397 ff., in: Bracker, 1989, Bd. 2.
Ders./Wolf, Thomas: »Der Holk«, S. 570–574, in: Bracker, 1989, Bd. 1.
Hill, Thomas: »Der Schonenmarkt – die große Messe im Norden: Organisation und Bedeutung der Messen«, S. 536–538, in: Bracker, 1989, Bd. 1.
Hobbing: »Die Expedition der Hansestädte gegen die ostfriesische Küste im Frühjahr 1400«, S. 20–44, in: *Jahrbuch der Gesellschaft für bildende Kunst und vaterländische Altertümer zu Emden*, 4. Bd., 2. Heft 1881.
Jenks, Stuart: »Der Englandhandel: Erfolge und Rückschläge«, S. 68–73, in: Bracker, 1989, Bd. 1.
Köster, August: »Claus Störtebeker«, S. 247–250, in: *Niedersachsen*, 27. Jg., Nr. 11, 1922.
Koppmann, Karl: »Der Seeräuber Klaus Störtebeker in Geschichte und Sage«, S. 37–58, in: *Hansische Geschichtsblätter*, Jg. 1877.
Ders.: »Die Vitalienbrüder«, S. V–XXIII, in: *Hanserecesse* I 4, Leipzig 1877.
Ders.: »Zur Geschichte der mecklenburgischen Klipphäfen«, S. 103–160, in: *Hansische Geschichtsblätter* 14, Jg. 1885.
Krawitz, Rainer: *Ostfriesland*, Köln 1982.
Laurent, J. C. M.: »Klaus Stortebeker«, S. 43–99, in: *Zeitschrift des Vereins für hamburgische Geschichte*, 2. Bd., 1847.
Lauring, Palle: *Geschichte Dänemarks*, Neumünster 1964.
Lengen, Hajo van: *Geschichte des Emsingerlandes vom frühen 13. bis zum späten 15. Jahrhundert I*, Aurich 1973.
Ders.: »Land und Stadt im ostfriesischen Küstenraum während des späten Mittelalters und der frühen Neuzeit«, S. 39–62, in: Meckseper, Cord (Hg.): *Stadt im Wandel*, Ausstellungskatalog, Bd. 4, Stuttgart 1985.
Lisch, G. C. F.: »Beitrag zur Geschichte der Vitalienbrüder und Landstädte am Ende des 14. Jahrhunderts«, S. 51–69, in: *Jahrbücher des Vereins für mecklenburgische Geschichte und Altertumskunde*, 15. Jg., 1850.
Lönnroth, Erik: »Gotland, Osteuropa und die Union von Kalmar«, S. 9–16, in: *Acta Visbyensia IV. Visby-symposiet för historiska vetenskaper 1971. Kultur und Politik im Ostseeraum und im Norden 1350–1450*, Visby 1973.
Mulot, Tobias: »Das Simon-von-Utrecht-Denkmal an der Kersten-Miles-Brücke und sein Sturz am 5.6.1985«, S. 618 f.: in: Bracker, 1989, Bd. 2.

Nirrnheim, Hans: *Hamburg und Ostfriesland in der ersten Hälfte des 15. Jahrhunderts. Ein Beitrag zur hansisch-friesischen Geschichte*, Hamburg 1890.

Prange, Carsten: »Trinkgefäß der Hamburger Schiffergesellschaft, sog. ›Störtebeker-Pokal‹ um 1650«, S. 613 f., in: Bracker, 1989, Bd. 2.

Rösener, Werner: »Zur Problematik des spätmittelalterlichen Raubrittertums«, S. 469–488, in: Maurer, Helmut/Patze, Hans (Hg.): *Festschrift für Berent Schwineköper*, Sigmaringen 1982.

Scheurlen, Ute: *Über Handel und Seeraub im 14. und 15. Jahrhundert an der ostfriesischen Küste*, phil. Diss., Hamburg 1974.

Dies.: »Bremen und die Seeräuber«, S. 620–626, in: Bracker, 1989, Bd. 1.

Schmidt, Heinrich: *Politische Geschichte Ostfrieslands* (= Ostfriesland im Schutze des Deiches, Bd. 5), Leer 1975

Schrader, Th.: »Störtebeker«, S. 26–46, in: *Mitteilungen des Vereins für hamburgische Geschichte*, 13. Jg., 1891.

Seidenspinner, Wolfgang: »Mythen von historischen Sagen. Materialien und Notizen zum Problemfeld zwischen Sage, Archäologie und Geschichte«, S. 83–104, in: *Jahrbuch für Volkskunde*, Neue Folge 11, 1988.

Skyum-Nielsen, Niels: »König Waldemar IV. Atterdag von Dänemark. Persönlichkeit und Politik«, S. 5–20, in: *Hansische Geschichtsblätter*, 102. Jg., 1984.

Techen, Friedrich: *Die blaue Flagge. Störtebeker, Klaus Kniphof, Marten Pechelyn*, Bremen 1923 (= Hansische Volkshefte H. 2).

Teichmann, Fritz: *Die Stellung und Politik der hansischen Seestädte gegenüber den Vitalienbrüdern in den nordischen Thronwirren 1389–1400*, Berlin 1931.

Voigt, Johannes: »Die Vitalienbrüder«, S. 3–159, in: Raumer, Friedrich von (Hg.): *Historisches Taschenbuch*, Neue Folge 2. Jg., Leipzig 1841.

Walther, C.: »Über den Namen Störtebeker«, S. 89–94, in: *Mitteilungen des Vereins für hamburgische Geschichte*, 1. Jg., 1878.

Wanke, Josef: *Die Vitalienbrüder in Oldenburg (1395–1433)*, Oldenburg 1910.

Willmann, R.: »Wann starb Klaus Störtebeker?«, in: *Heimat* 3/80, Neumünster.

Woebcken, Carl: »Störtebeker«, S. 129–156, in: *Archiv für Landes- und Volkskunde von Niedersachsen*, Heft 11, 1942.

Zimmerling, Dieter: *Störtebeker & Co. Die Blütezeit der Seeräuber in Nord- und Ostsee*, Frankfurt/Berlin 1988.

Personenregister

Die Abkürzung *VB* steht für Vitalienbrüder, die nach 1389 in Erscheinung treten – die Abkürzung *SB* für Seeräuber, die vor 1389 in den Quellen genannt werden.

Aa, Johann van der (Schiffshauptmann aus Rostock) 46
Albrecht von Bayern, Herzog von Holland 105, 122 f., 128, 132 f.
Albrecht, Graf von Holstein 34
Albrecht II., Herzog von Mecklenburg 22, 34, 95, 157
Albrecht III. von Mecklenburg, König von Schweden 22, 34 ff., 41, 47–51, 53, 67 f., 75, 78, 80, 82 f., 87 f., 95, 101 f., 148
Albrecht VI., Herzog von Mecklenburg 17 f., 20, 22, 92
Almer (Kaplan Keno tom Broks) 117 f.
Attendorp, Gerhard van (Ratsgesandter Lübecks) 67

Bartold der Schreiber (VB) 120
Belyetere, Edmund (Kaufmann) 55
Bernevur (VB) 60
Bernim, Herzog von Stettin 103
Beydenstorp (VB) 60
Bredel, Willi (Dichter) 148, 176
Broderson, Abraham (norwegischer Ritter) 128
de Bruyn, Gerrit (Kaufmann aus Leiden) 143

Chantal, A. M. (Komponist) 175
Christian, Graf von Oldenburg 112
Crabbe (VB) 60
Crekauwe (VB) 60

Darre, Jon (norwegischer Hauptmann) 53
Detmar (Chronist) 47, 49 f., 56 f., 100

Edo Wiemken der Ältere (ostfriesischer Häuptling) 109–112, 115 f., 119, 127, 144
Enis (Verwandter Albrechts III.) 53 f., 58
Enno Heytes (ostfriesischer Häuptling) 120

Erich, Herzog von Mecklenburg 34, 53, 83, 93 f.
Erik (Norweger) 53

Folkmar Allena (ostfriesischer Häuptling) 120 f.
Fontane, Theodor 148

Gouges, Jean de (Söldnerführer) 153
Grubendal, Hanneke (SB) 25 f.
Grubendal, Vicke (SB) 26

Hakon VI., König von Norwegen 18
Hare in der Grete (Haro Cirksena; ostfriesischer Häuptling) 119
Heinrich III., Herzog von Mecklenburg 17, 22, 24 f.
Heinrich IV., König von England 72
Hisko (Propst von Emden) 115, 119 f., 126, 173
Husseke Hayen (ostfriesischer Häuptling) 110

Ingeborg, Herzogin von Mecklenburg 17

Jakobsson, Gerrit (Bürger aus Hoorn) 143
Jenevelt, Hinrik (Hamburger Ratsherr) 140, 142
Jobst, Markgraf von Brandenburg 34
Johann I., Herzog von Stargard 35 ff., 46, 54
Johann II., Herzog von Stargard 46 f., 71, 80, 83

Johann IV., Herzog von Mecklenburg 35, 48, 54, 60 f., 97, 99 ff.
Jonsson, Holger (SB) 25
Jonsson, Nickel (SB) 25
Jungingen, Konrad von (Hochmeister des Deutschen Ordens) 39, 75, 77, 81, 86, 94 f., 97, 101 f., 108

Kaetilö (VB) 60
Kalende, Bosse van dem (VB) 60 ff., 71, 77 f., 152
Karl IV., deutscher Kaiser 18
Keno tom Brok (ostfriesischer Häuptling) 115, 117–120, 170, 173
Ketelhoet (VB) 60
Klabund (Dichter) 176
Knoker 137
Knut, Detlef (SB/VB) 26, 62
Kock, Reimar (Chronist) 37, 40 f., 43, 64, 68, 70
Konrad II. (Cord), Graf von Oldenburg 104, 116, 118, 120, 128, 132 f.
Korner, Hermann (Chronist) 56 f., 162
Krackow (VB) 60
Krantz, Albert (Chronist) 162
Krispin, Johann (Lübecker Ratsherr und Schiffshauptmann) 119

Lange, Herrmann (Ratsherr und Schiffer aus Hamburg) 131, 134 f., 137, 146
Lüchow, Heinrich (VB) 77

Maeckingborg (Mecklenburg), Verwandter Albrechts III. 53 f., 58

Magister Wigbold (VB) 9, 73, 87, 89, 106, 122 f., 139, 175
Magnus I., Herzog von Mecklenburg 35
Magnusson, Algot (schwedischer Ritter) 91 f.
Margarete, Königin von Dänemark und Norwegen 17 f., 26 f., 31, 34, 36, 39, 46, 48, 50, 54, 56, 66 ff., 75, 79–83, 86, 89, 92–95, 97, 101–104, 119, 128, 139, 149
Margarete von Pommern-Wolgast (Frau Erichs von Mecklenburg) 94, 97 f., 101
Michel, Godeke (VB) 9 ff., 59, 71 f., 79, 87 ff., 106 f., 121–125, 129, 131 f., 139–143, 146, 148 ff., 155 f., 159 f., 162, 164 f., 167, 169, 173, 175, 177
Milies (Mylges), Nikolaus (VB) 59 f., 77
Moritz, Graf von Oldenburg 116
Mos, Trut (SB) 25

Nanne, Johann (Schiffshauptmann) 122 f.
Neyenkerken, Hermann (Schiffer) 142

Oertzen, Henneke von (SB) 26
Olaf VI., König von Dänemark 18, 26 f.
Osterburg, Johann (Priester) 78
Overdik, Lubbert (Schiffer) 140 ff.

Pecatel, Albrecht von (Hauptmann von Stockholm) 81 f., 89 f.
Pfirt, Johann von (Komtur von Schwetz) 98 f.

Posilge, Johann von (Chronist) 99
Preen, Marquard (VB) 77

Rantzow (Rantzau), Eler (SB) 25, 62 f.
Rantzow (Rantzau), Luder (VB) 63
Richard II., König von England 113 f.
Rinteln, Henning van (Lübecker Ratsherr und Schiffshauptmann) 119, 121
Rolevinck, Werner (Kartäusermönch) 33
Rorbek (Schiffer) 36
Rosenfeld (Scharfrichter) 167, 175
Rumpeshagen, Lippold (VB) 77

Sanewitze, Rambold (VB) 77
Scheld, Klaus (VB) 72 f., 150
Schiffherr Joseph (VB) 78
Schinkel, Ludeke (SB) 25 f.
Schonink, Swarte (SB) 25 f.
Schoeff, Egghert (Schiffer aus Danzig) 107
Schoke(n), Nikolaus (Hamburger Ratsherr und Oberbefehlshaber der hamburgischen Flotte) 131, 134 f., 137, 140, 142, 146, 148
Schreye, Albert (Schiffshauptmann aus Hamburg) 121 ff.
Schutte (Schuthe) (VB) 60
Sedorp, Hartwich (VB) 77
Sibet Lubbenson (Enkel und Nachfolger Edo Wiemkens) 110, 144
Sibrand (ostfriesischer Häuptling) 125

Stockeled, Bertram (VB) 77
Stolpe, Wartislaw von 81
Störtebeker, Klaus (VB) 9 ff., 23 f., 59, 71 f., 79, 87 ff., 106 f., 115 f., 121–125, 128–137, 139 f., 146, 148 ff., 155 f., 159–162, 164–170, 173, 175 ff.
Stromekendorp, Peter (Ratsherr aus Weimar) 27
Stuke, Arnd (VB) 59, 77, 89, 91
Sture, Sven (dänischer Hauptmann) 89 f., 93 ff., 98 f., 101, 149

Tassard (Dichter) 175
Tratziger, Conrad (Chronist) 9, 162
Tuckeswert, Johann (Schiffshauptmann aus Wismar) 46

Uelzen, Werner von (Schiffer) 142
Utrecht, Simon von (Ratsherr und Schiffer aus Hamburg) 135 f., 142, 145, 176

Waldemar IV. Atterdag, König von Dänemark 13–18, 20, 31, 76, 81
Wallenrod, Konrad von (Hochmeister des Deutschen Ordens) 48, 75
Wallenrode, Johann von 92
Wartberg, Hinrich (SB) 25 f.
Wartizlav, Herzog von Stettin 103
Wiemken, Jarste (Edo Wiemkens Tochter, Frau Husseke Hayens) 110
Westhoff, Hinrik (Ratsgesandter Lübecks) 67
Wichmann (VB) 9, 73, 87, 89, 106, 116, 131, 136, 162, 175
Widzel tom Brok (Witzeld tom Broke; ostfriesischer Häuptling) 104, 107
Wigbold (VB) 73, 87, 89, 112 f., 139, 162, 175
Wulflam, Wulf (Bürgermeister von Stralsund) 27 f.
Wylsen, Karsten van (Kaufmann aus Kampen) 140 f.

Ortsregister

Abo 91
Ahlholm 80 f.
Alt-Kalen 60

Bant 109
Barth 167
Bergen (Norwegen) 52–57, 59, 68, 73, 89
Bläse 168
Blexen 104
Bornholm 47 f., 50 f.
Brandenburg 18, 35
Braunsberg 48
Bremen 72, 105, 107 f., 111 f., 115 ff., 119, 126, 145, 156
Brokmerland 104, 116
Brügge 107 f., 161

Calais 88
Camin 59

Dalarö 70
Danzig 48, 67, 82, 93, 103, 107
Dargun 60
Deventer 117
Dordrecht 72
Doberan (Kloster) 81

Dorpat 91 f.

Edenburg 109
Elbing 48, 51, 72, 80, 82, 117
Emden 120, 125, 143 ff.
Emsigerland 104
Esenshamm 110

Falsterbo 25 ff., 65–68, 81 f., 85 f., 104, 106
Flandern 108
Fünen 21
Furt von Daterne 70, 79

Gent 108, 148
Genthin 60
Golwitz 37, 77
Gothen 168
Gotland 13 f., 47, 81 f., 90, 92–95, 97–104, 106, 108, 116, 156
Göttingen 144
Greifswald 22, 67, 72, 80, 82
Groothusen (Schloß) 120 f., 125

Halsmühlen bei Verden 167
Hamburg 9 f., 41, 51, 55, 72, 75, 104, 107 f., 111 f., 115, 117, 119,

121 ff., 126–137, 139–145, 147, 156, 161 f., 167, 169 f., 173, 175 f.
Harderwyk 117
Hannover 167
Helgoland 9, 131–137, 147, 162
Hengst 168
Helsingborg 25 ff., 80
Hiddensee 168
Hildesheim 60, 63
Holstein 63, 167 f.
Hoorn 143

Jerichow 60
Jever 109
Jütland 21

Kalmar 36, 94, 97
Kampen 67, 80, 117, 140–143
Köln 14, 76
Kopenhagen 17, 103
Krackow 60
Kützin 59

Landeskrone 95, 101
Larrelt (Schloß) 120
Leiden 143
Limburg 65
Lindholm 34, 101
Livland 51, 75, 92, 97
London 113
Loquard (Schloß) 120, 123, 125, 173
Lübeck 13, 17, 21 f., 24 ff., 28, 35 ff., 39, 44, 49 ff., 55, 59, 65 ff., 72, 75 f., 80, 82, 93, 97, 104, 111–119, 126 ff., 130 f., 139, 144

Magdeburg 65
Malmö 25 ff.
Marienburg 48

Marienhafe 115, 120 f., 168
Mecklenburg 18, 20–25, 31 f., 34 ff., 38–44, 46, 48–51, 54, 56–63, 65, 67–70, 73–80, 82, 86–90, 92 ff., 101, 113, 151, 157, 167 f.
Michaelisdorf bei Barth 167

Narwa 91 f.

Oldenburg 116, 118, 143, 145
Osterhusen (Schloß) 120
Ostfriesland 104–107, 109, 111–116, 118 ff., 122, 125–128, 131, 137, 139, 143, 145, 149, 167 f., 170
Östringen 109

Pommern 103, 167
Preußen 48–51, 65, 72, 75, 77, 80, 85, 90, 93, 97 ff., 114, 119, 127, 130
Putlos (Holstein) 168

Ratzeburg 59 f.
Reval 82
Ribnitz 37
Riga 80, 92
Rom 176
Rostock 9, 20 ff., 24 f., 35, 37–40, 46, 48, 50 ff., 55, 57 f., 71, 73 ff., 80, 87 f., 91, 113, 117, 144, 151, 156
Rügen 167 f.
Rüstringen 109

Salzwedel 60
Schonen 21, 66 ff., 80, 82
Sibetsburg 109 f., 144 f.
Skanör 25 ff., 65–68, 82, 85 f., 104, 106

Slite (Sleyt)   95, 101
Staveren   128
Stettin   67, 80
Stockholm   34 ff., 41, 47, 54, 67–72, 75, 77–83, 85 ff., 90 f., 94
Stralsund   14, 17, 21 f., 24–27, 43 f., 51, 67, 72, 75 f., 78, 82, 117

Thorn   67, 80, 82

Usedom   168

Västergarn   98
Verden   170
Visby   13, 35, 60 f., 63, 81, 86, 89 f., 94 f., 98–101, 108

Vordingborg   47, 59

Wangerland   109
Westfalen   33
Wiborg   91 f.
Wilhelmshaven   109
Wismar   20–25, 35, 37–40, 46, 48, 50–53, 55, 57 f., 60, 69–73, 75, 77, 86 ff., 91, 107, 113, 117, 144, 147–151, 156, 167
Wittmund (Schloß)   120
Wittow   168

Ypern   108

Zutphen   74, 117

Aus unserem Programm

Jacques Le Goff
GESCHICHTE UND GEDÄCHTNIS
»Historische Studien«, Band 6
Gemeinschaftsverlag mit Editions de la Maison des Sciences de l'Homme, Paris
1991. Ca. 300 Seiten
ISBN 3-593-34539-0

In diesem Buch liefert Le Goff eine ebenso präzise dokumentierte wie spannend dargestellte tour de france durch die Geschichte der Geschichtsschreibung und damit gleichzeitig eine Einführung in die zentralen Fragestellungen der heutigen Geschichtsschreibung.

Rebekka Habermas
WALLFAHRT UND AUFRUHR
Zur Geschichte des Wunderglaubens in der frühen Neuzeit
»Historische Studien«, Band 5
1991. 235 Seiten
ISBN 3-593-34570-6

Im Mittelalter und der frühen Neuzeit gehörte der Glauben an das Wunder als eine zwar außergewöhnliche, aber unhinterfragte Tatsache zum Alltag.
Die Geschichte des Wunderglaubens ist nicht nur aufschlußreich für den Wandel von Mentalitäten, sie liefert auch ein Beispiel für die soziale Sprengkraft, welche die Volksfrömmigkeit mitunter entwickeln kann.

Campus Verlag · Frankfurt am Main

Aus unserem Programm

Eric R. Wolf
DIE VÖLKER OHNE GESCHICHTE
Europa und die andere Welt seit 1400
Studienausgabe
1991. 591 Seiten, mit 33 Karten und 22 Abbildungen
ISBN 3-593-34527-7

»In einer fiktiven und dabei frappierend glaubwürdigen ›Reise‹ durch die Welt um 1400 entwirft Wolf eine anthropologische Skizze, die das Geflecht ökonomischer, politischer, gesellschaftlicher und kultureller Strukturen dokumentiert, welche schon vor der Eroberung zwischen Afrika, Asien und Europa (man denke an die Seidenstraße) sowie zwischen Nord- und Südamerika bestanden.«
Ronald Graetz, Neue Zürcher Zeitung

Eric J. Hobsbawm
NATIONEN UND NATIONALISMUS
Mythos und Realität seit 1780
1991. 239 Seiten
ISBN 3-593-34524-2

»Eric Hobsbawms Buch erforscht den mysteriösen Begriff (der Nation) minutiös... es kommt zur rechten Zeit. Heute haben wir zwei Formen des Nationalismus – einen, der Nationalstaaten schafft, und einen anderen, der diese im Namen ethnischer Loyalität zerbricht. Hobsbawm sieht ersteren im Niedergang... Japan ist ein letztes Überbleibsel davon.«
The Economist

Campus Verlag · Frankfurt am Main

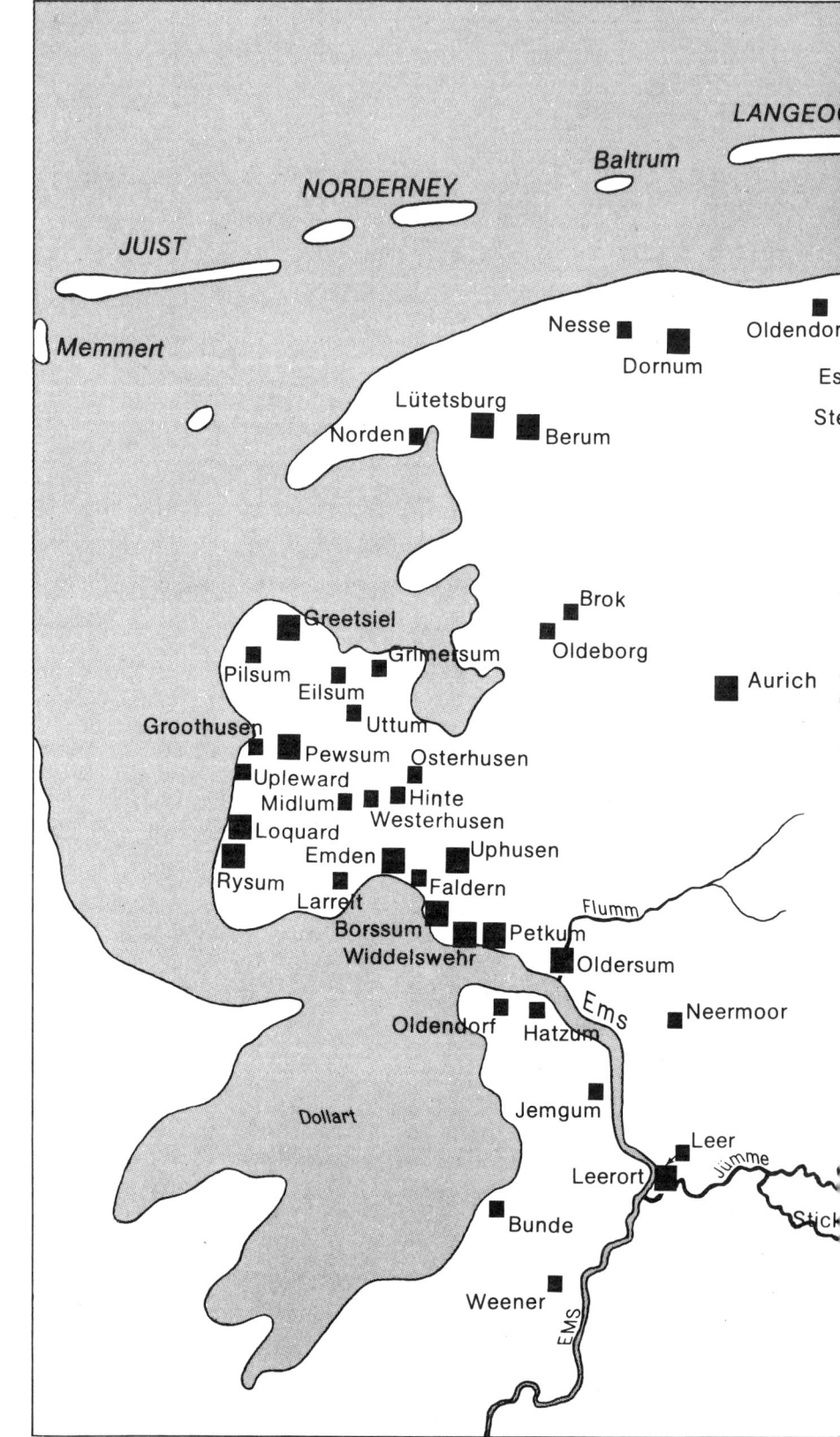